Éditions DIASPORAS NOIRES

www.diasporas-noires.com

©Dan KAPEBWA TSHIPAMBA 2020

ISBN version numérique : 9782490931149

ISBN version imprimée : 9782490931156

Date de publication numérique : 10 Juillet 2020

Mentions légales

Dan KAPEBWA TSHIPAMBA

QUITTER L'AFRIQUE A TOUT PRIX, BONNE OU MAUVAISE DÉCISION ?

« Les raisons de ne pas émigrer clandestinement vers l'occident à la quête d'un bonheur qui réside déjà chez soi, ainsi que les motivations pour revenir investir en Afrique».

ESSAI

SOMMAIRE

DÉDICACE

Je dédie ce livre à mes chers parents pour qui je remuerais ciel et terre pour les voir toujours heureux.

REMERCIEMENTS

Je tiens, avant toute chose, à remercier le promoteur de ce don gratuit qu'est le souffle de vie, le Dieu que je sers avec foi, sans qui ce livre n'aurait jamais vu le jour.

J'exprime ma profonde reconnaissance à tous ces gens qui ont cru en moi et m'ont démontré leur soutien indéfectible. Je me rappelle encore cette conversation du 20 Mars 2019 entre moi et mon ami, Arnold DISASHI qui m'incita à reproduire mes idées sur un support. Lis ici mes sincères remerciements, car tu as été l'élément déclencheur. J'ai pris la ferme résolution d'offrir ma modeste contribution à l'Humanité.

Je remercie mes parents Chantal BASENGA et Floribert KAPEBWA, qui ont su investir en moi dans la construction de l'homme, et qui manifestent toujours ce fervent désir de soutenir toutes mes entreprises, vous êtes à mes yeux, les héros que je n'aurai jamais, longue vie à vous.

Mes remerciements vont également à l'endroit des réseaux panafricains et afrodescendants que j'ai découverts grâce à internet. Lesdits réseaux qui ont éveillé mon sens élevé du panafricanisme et de l'amour incommensurable, que je porte pour l'Afrique, mon Afrique. Je cite Negro News, Noir et Fier, Unissons-Nous pour une Afrique Meilleure et Prospère, vous abattez un travail titanesque pour les communautés noires et afrodescendantes. Trouvez là ma profonde considération. Je n'oublierai pas, toutes les personnes qui ont fait du combat de reconnaissance culturelle et de la lutte contre le néocolonialisme, la raison de leurs existences.

À vous tous, qui êtes là pour la personne que je suis, sans cesse vous me prodiguez des conseils, vous qui croyez à mon potentiel, je tenais à vous dire que je n'oublierai jamais votre apport dans mon existence. Je tiens à vous dire un grand merci.

Je tiens à remercier toutes les personnes qui ont toujours été là pour moi, ma famille : Sarah KENDA, Rachel KAPEBWA, Orpa KABONGO, Noëlla BASENGA, Morgan TSHIPAMBA, Patrick MULUMBA, Fabrice NTOYA ; Mes amis et frères : Flavien YANGOTIKALA, Godfrey TSHIBOLA, Trésor EHILA LIMBATI, Arnaud MBUMBA,

Ma Gloire Lord LOMBO, Tony MBODI, Kévin LONGANGE, Costa BABALA, Panick KALAMBAY, Venussien KONZAMBI, Emmanuel LONGOMBE, Leonel BEMBE, Junior KUDIANGELA, Antony LUBALA, UTSHU ONYUMBE, Bernide KAWUSOKO, Lass APENELA, Jean PAUL KILEMBE, Benoît KAZADI, Arsène NTINI, Serge KENDA, Aaron

MBISSIK, Aimé ZANA, Hervé YONGOLO, Maan CHARARA, Cédrick MULOWAYI, Paricia UUCHI et particulièrement à Grâce MUSANGU, Wivine AKAKIWA, Rolandine MAFUTALA, Déborah KASSANG, Yasmine NSEKA, Joël MPIANA, Docteur Stanislas TSHIMANGA pour leur soutien combien important.

L'Auteur.

COMMENTAIRE

Entre vérité et triste réalité cet ouvrage se veut être une constitution, une bible pour l'Africain de cette époque.

Révélant l'Afrique et son histoire sous une autre forme.

Cet ouvrage balaye tous les aspects du développement et sous-développement du continent africain. Les causes et conséquences de son abandon par ceux qui sont censés être ses protecteurs ainsi que le génocide dont il est victime depuis des siècles. L'auteur, fier partisan de la cause africaine donne les moyens et les raisons pour relever tous les défis africains et particulièrement ceux liés à l'immigration illégale qui frappe cette génération. Préparez-vous à ne plus jamais penser de la même manière après votre lecture.

Dr. Arnold DISASHI MUTOMBO

Docteur en médecine humaine et entrepreneur

PRÉFACE

L'auteur de cet ouvrage m'a fait l'honneur de le préfacer en vue de le situer dans son contexte actuel face à un phénomène de société qui ressemble, à bien des égards, à un cri de détresse de nombreux Africains en quête d'une vie meilleure ou d'un emploi digne rémunérateur.

Sous le titre : « QUITTER L'AFRIQUE A TOUT PRIX, BONNE OU MAUVAISE DÉCISION ?», l'auteur soumet ainsi à la connaissance de tout Africain la question de savoir si cette option serait bonne ou mauvaise au regard des risques qu'elle comporte tant du point de vue du péril en vies humaines qu'elle emporte que celui de la voie utilisée (émigration clandestine, demande d'asile politique). En même temps, entre les mots, cette question suscite, en filigrane, une autre qui interroge la conscience du candidat à l'émigration sur les raisons existentielles de l'homme en quête du mieux-être.

Faut-il prendre de grands risques pour satisfaire le besoin, quel que soit le degré de son importance ? Les drames sur la méditerranée jonchée de morts où les barbelés sur la frontière entre le Mexique et les États-Unis d'Amérique ne peuvent être justifiés que par la seule recherche de l'Eldorado.

L'interpellation de l'auteur à l'endroit de ceux qui tentent d'émigrer dans les conditions infrahumaines ou de traverser les barbelés à la frontière mexicaine tombe à point nommé et remet en cause toutes les belles théories ébauchées sur les droits de l'homme, la destination universelle des biens de ce monde ou encore la civilisation planétaire dans laquelle tous nous serions les citoyens du monde sans distinction de race ni d'origine.

L'Africain, face à la précarité et la mal-gouvernance dans plusieurs états du continent, estime que le bonheur ne se trouve qu'en Occident où, selon l'imaginaire collectif, à raison, parfois à tort, il est offert de l'emploi et le bonheur pour tous, la couverture maladie assurée, l'accès à l'instruction fondamentale ainsi que plusieurs facilités sociales de base. C'est ainsi dire que la motivation profonde de ceux qui quittent leur continent réside dans l'insatisfaction des besoins fondamentaux au sein de leurs propres sociétés ; et partant de là, dans la question de la redistribution du revenu national, le choix des priorités resurgit comme un problème des sociétés africaines pour le développement de leurs pays.

Les mouvements migratoires, dans leur ensemble, ayant des motivations quasi analogues : la difficulté pour la recherche d'une vie meilleure ; l'Afrique devrait y percevoir une invitation à s'assumer et se donner les moyens d'attaquer ce fléau.

Il s'observe, en effet, en Afrique, à sa frontière avec l'Europe, mais aussi en Amérique latine, à la frontière entre le Mexique et les États-Unis, que des citoyens nourrissant des aspirations au mieux-vivre, à être heureux, à avoir un travail rémunérateur pouvant leur permettre de couvrir, un tant soi peu, leurs besoins minimums... Et lorsqu'ils n'y parviennent pas, comme un procès intenté à leur propre regard vers d'autres cieux pour trouver la(les) réponse(s) aux problèmes de survie, à la quête d'une vie d'homme en toute dignité.

Hommes de gauche et acteurs politiques, je pense, pour ma part, que le choix d'une société est une question de gouvernance, de justice sociale, in fine, de partage équitable entre citoyens du revenu, pour faire en sorte que tout homme, là où il se trouve, accède à son épanouissement et au bonheur. Cela est une exigence pour toute politique.

Aujourd'hui, nonobstant les immenses ressources naturelles dont l'Afrique regorge, elle est à tout point de vue un continent qui a pris du retard, mal partie selon René Dumont dans la démarche de sa prise en charge, de son développement et des besoins sociaux de base : le respect des droits de l'homme, l'accès à l'éducation et aux soins de santé, l'eau potable, bref le mieux-être, qui a été le rêve caressé des grands africanistes GAMAL ABDEL NASSER, KWAME NKRUMAH, MODIBO KEITA, JULIUS NYERERE, le rêve de parvenir à une Afrique des peuples nantis, un continent ambitionnant de briser toutes les barrières culturelles, géographiques, et capable, fort de son potentiel humain et en ressources naturelles, de déclencher son émergence et la prospérité de ses habitants.

L'eldorado en Occident et/ou à l'occidental ne saurait donc trouver de motivation, si tous les dirigeants africains, à l'instar des précurseurs des indépendances africaines, prenaient conscience du fait que « l'on est mieux que chez soi » ; que le bonheur de l'Africain ne peut être trouvé que par les Africains et pour les Africains à partir des solutions africaines inspirées de nos valeurs culturelles de partage pour donner un contenu africain au concept du bonheur.

Certes, nous sommes loin d'une civilisation dite planétaire dont les théories sont battues en brèche, chaque jour, par le comportement des autres, le repli sur soi-même après l'échec de la globalisation, l'éclosion de la théorie de la destination universelle des ressources et espaces africains où l'Occident, de plus en plus, tente de confisquer le leadership.

Je pense que cette œuvre contribuera à faire éclore une conscience vraiment africaine pour dissuader nos frères et sœurs du danger et des risques mortels que la décision de l'émigration présente pour eux-mêmes et pour les générations futures.

À mon avis, l'intériorisation de nouvelles valeurs dans nos sociétés, d'un nouveau mode de gouvernance et de partage de nos revenus est une clé parmi les solutions qui devraient permettre à l'Afrique de s'autosuffire et de satisfaire les besoins de ses habitants.

Que donc, la pensée de l'auteur, je l'espère, participe à cette démarche afin de décourager tout Africain en quête de l'eldorado, en occident plus précisément, et ce, au péril de sa vie et de rappeler que le bonheur est un état d'esprit.

Bruno TSHIBALA NZENZHE

Premier ministre honoraire de la RD Congo

AVANT-PROPOS

L'idée de produire ce livre n'est pas fortuite. *« Sortir de l'Afrique »* et *« réussir en occident »* semble être plus qu'une expression courante, mais une idéologie, qui pendant des décennies, a trouvé refuge dans le mental africain. Ce périple périlleux parfois n'aboutit pas toujours et le rêve de l'eldorado s'éteint dans le fond sombre des mers. Il ne se passe plus une semaine sans que coulent nos larmes devant nos petits écrans, en visionnant des naufrages, des noyades des Africains dans la méditerranée, à la mer noire dans le seul but d'atteindre certains pays d'Europe. Les mêmes tragédies dans les eaux du golf d'Uraba en vue de se rapprocher des États-Unis ou du Canada. Devant ces images bouleversantes, nous sommes tous, évidement, atteints du larmoiement de constater les efforts de toute une vie s'éteindre, hommes, femmes et enfants périssent à la quête du bonheur comme si la recherche d'un bel équilibre de vie devait prendre l'existence. À la tristesse se mêle parfois la colère, tout ceci peut être évité. Il est vrai que tous les flux migratoires qu'a connu le monde sont une réponse au besoin, à la nécessité, car l'herbe était verte de l'autre côté, le lieu offrait sans doute des meilleures conditions de vie. Mais, ce qui se passe de nos jours avec les migrants africains exige une interpellation musclée pour balayer un certain espoir nourrissant la pensée collective africaine.

Nombre de jeunes Africains, engloutis dans la misère d'un présent, qui présage la continuité chaotique des conditions de vie, ces jeunes en mal des modèles locaux et de la crise identitaire se tournent vers le mythe vendu à vil prix par les occidentaux, aujourd'hui entretenu par les Africains vivant en occident. Tous les moyens sont bons pour atteindre l'occident même à ses risques et périls. Des sommes importantes ne rimant pas avec le quotidien sont déboursées pour qu'on soit entrainé dans un marathon infernal et confus, bien souvent fatal pour certains, car emportés par la mort dans la traversée du désert ou de la forêt amazonienne ou encore coulés par des embarcations de fortune dans les eaux sans fin. Comment casser ce mythe de l'imaginaire collectif sur l'occident ? D'où vient ce mythe responsable de la mort de milliers d'Africains ?

Aux futurs lecteurs, cet ouvrage tombe à point nommé, où les voix doivent non seulement condamner les causes en amont de ce phénomène d'immigration clandestine, mais également dissuader l'Africain, qui est forcé à vivre sur le fil du rasoir d'entamer ce dangereux voyage. Entre héroïsme et ignorance, il est plus que temps de s'imprégner de vraies réalités, qui nous attendent en occident, se doter des moyens efficaces pour investir l'argent plutôt que de s'offrir la mort au même prix. Trouvez dans ce livre ma profonde réflexion pour mettre fin à l'hégémonie occidentale contemporaine couplée à celle orientale, qui pousse l'Africain à déménager de ses terres, qui, pourtant, font la joie des étrangers et à se lancer dans une course à la mort. L'Afrique telle qu'on ne nous la présente pas très souvent, l'Afrique en laquelle on ne veut pas croire. Ce livre s'éloigne d'une approche très scientifique des faits, mais explique en des termes simples une approche axiologique basée sur des éléments explicatifs pour démontrer *« les raisons pour ne pas émigrer clandestinement vers l'occident à la quête d'un bonheur qui réside déjà chez soi, ainsi que les motivations pour revenir investir en Afrique ».*

Ma modeste contribution à l'éveil de l'homme Africain, est :

•Premièrement, une présentation de l'Afrique en général en quelques mots, comme terre d'espoir et d'opportunités, qui devraient en premier lieu profiter aux Africains, et casser le mythe de l'eldorado occidental.

•Deuxièmement, les dix secteurs porteurs en Afrique, comment investir et devenir puissant économiquement afin de se réapproprier notre destin.

• Troisièmement, une interpellation à ceux qui sont censés placer le continent Africain sur l'orbite de l'émergence, de s'apercevoir que l'Afrique a tout à perdre si elle ne s'affranchit pas toujours après plusieurs années de son indépendance. Il est plus que temps d'appliquer la décolonisation économique et sécuritaire, qui empêche le continent de prendre un bon envol.

• Et enfin quatrièmement, une source de motivation par des conseils pratiques pouvant être indispensables pour tout investissement.

L'Africain a besoin d'une certaine adrénaline pour sursauter de sa somnolence. C'est encore possible de relever les défis, d'aller jusqu'au bout des efforts pour arracher le respect, la considération et l'estime, qui nous échappent toujours suite à notre désespoir, aux idées préconçues assimilées lors de la colonisation, au laxisme des populations à l'égard de l'injustice, au manque d'institutions fortes pour protéger nos nations… L'espoir a un nom, c'est l'Afrique. Nous détenons le pouvoir, les potentialités, à nous de faire de l'Afrique un puissant continent, dont nous avons toujours rêvé. Ouvrons l'œil et le bon.

Bonne lecture

PREMIÈRE PARTIE

L'AFRIQUE, MON AFRIQUE EN RÉSUMÉ

CHAPITRE 1 : L'AFRIQUE EN QUELQUES MOTS

CONNAISSONS-NOUS L'AFRIQUE ?

Berceau de l'Humanité

Plusieurs hypothèses se croisent pour expliquer la provenance du nom « Afrique » qui longtemps était considérée comme étant la partie nord du continent africain, tandis que l'Afrique subsaharienne était appelée Éthiopie *(en Grec Aithiop désigne littéralement le pays où les gens ont le visage brulé par le soleil).*

Certains chercheurs soutiennent que le terme Afrique fut utilisé pour la première fois en Europe par les Romains en désignant la partie nord du continent *Africus (le vent pluvieux provenant de la région de Carthage).* Cependant, d'autres chercheurs affirment que le mot Afrique proviendrait d'Ifriquia de la tribu des Banou Ifren (tribus amazighes). (http://negronews.fr/dou-vient-afrique)

Ce continent qui occupe un cinquième de l'espace terrestre, est considéré comme « le berceau de l'Humanité ». L'homme moderne tel que nous le connaissons aujourd'hui dans toutes ses diversités serait apparu en premier sur le continent africain.

Les ancêtres de *l'Homo sapiens* sont apparus il y a 7 millions d'années. L'évolution de *l'homo sapiens* s'est observée au fil de temps, et il aurait émigré d'Afrique pour conquérir le monde en remplaçant progressivement les autres espèces. Les preuves irréfutables de ces affirmations sont scientifiquement prouvées. D'abord, en Éthiopie, où les chercheurs d'origine éthiopienne, américaine et française ont découvert le 24 novembre 1974 Lucy ou Dinqnesh (Australopithecus afarensis) à Hadar, sur les bords de la rivière Awash dans le cadre de l'International Afar Research (Donald C. Johanson et al.), un squelette vieux de 3.5 millions d'années et qui fût longtemps considérée comme l'ancêtre de l'homme. Ensuite vient la découverte en octobre 2000 d'Orrorin tugenensis, âgée de 6 millions d'années dans les collines de Tugen au Kenya par Martin Pickford et Brigitte Senut. Un peu plus tard en 2001, précisément le 19 juillet une équipe dirigée par le français Michel Brunet découvre Toumaï dans le désert de Djourab au Tchad à 2500 km à l'ouest de la vallée du Grand Rift Est-Africain qui enregistre plus de 7 millions d'années. Celui-ci ravit la place à Lucy est devient donc l'ancêtre le plus ancien de la lignée de l'Homme jusqu'à ce que récemment en 2017 une découverte bouleversante qui va repousser de plus 200 000 ans l'ancêtre de l'Homme moderne encore découvert. Cette énième avancée de la science est le résultat d'une équipe internationale dirigée par Jean-Jacques Hublin et placerait le Maroc en pôle position, comme étant le berceau de l'Humanité. (www.la-croix.com/amp/1200853221)

Sociétés structurées

Bien avant la colonisation, l'Afrique a développé des civilisations propres en l'occurrence la civilisation Egyptienne caractérisée par l'émergence de l'écriture hiéroglyphique vers IV millénaire av. J.-C (cette civilisation perdure jusqu'en 340 **av. J.-C**[1]), la civilisation de Nok, l'une des plus anciennes en Afrique subsaharienne caractérisée par l'art de la poterie en terre cuite (éteinte à l'avènement du Christianisme vers 200-300 **ap. J.-C**[2]), la civilisation de l'ère Bantoue ainsi que celle de l'ère Nilotique. Ces civilisations font partie des plus anciennes et des plus durables qu'a connues l'Humanité. La domestication du bétail dès 7500 ans av. J.-C, l'agriculture 6000 ans av. J.-C, la culture du chasseur-cueilleur existait déjà à l'époque préhistorique. Des entités hiérarchiques étaient formées. Aux alentours du IX millénaire av. J.-C, et le travail du fer est apparu au III millénaire av. J.-C en premier lieu dans la partie septentrionale de l'Afrique et s'est vite répandu en Afrique subsaharienne dès 500 ans av. J.-C, et pendant ce temps, des objets en cuivre et en or provenant d'Égypte, de l'Afrique du Nord, de la Nubie ainsi que d'Éthiopie découverts en Afrique de l'Ouest, attestent l'existence d'un commerce transsaharien.

---

[1] Avant Jésus Christ
[2] après Jésus Christ

Etant à peine qu'au tout début de cet épluchage, constatez avec moi, comment l'Afrique peut-elle rater le train de l'Histoire ? Comme l'affirmait Nicolas Sarkozy, ex-chef d'État français, le 26 juillet 2007 dans son discours tenu devant la jeunesse et l'élite sénégalaise, « Le drame de l'Afrique, c'est que l'homme africain n'est pas assez entré dans l'histoire. » discours qui a été récusé par son successeur François Hollande mis à jour par Emmanuel Macron, l'actuel président de la République française, qui enfonce le clou en commettant plusieurs bourdes et parfois des malaises diplomatiques suite aux expressions parfois triviales coulant de ses propos paternalistes, condescendants, qui devraient amener, tous les Africains à se lever comme un seul homme et défendre leur pré-carré.

Qu'à cela ne tienne, continuons notre découverte.

Les sociétés peuvent être classées suivant leurs activités socio-économiques, et selon les densités de population : les chasseurs-cueilleurs (Bushmen, Hottentots, Pygmées), les agriculteurs-éleveurs, les sédentaires et les nomades (Maures, Touaregs, Peuls, Afars, Somalis), les paysans et les citadins, les producteurs et les commerçants, les terrestres et les marins. L'Afrique de l'Ouest des « guerriers » et des pasteurs nomades (Sahara, Sahel) diffère de l'Afrique soudanienne des « greniers » (mil et maïs), et de l'Afrique forestière des « paniers » (tubercules, planteurs des forêts) ou des zones rizicoles (d'après le géographe Roland Pourtier).

Deux grands blocs densément peuplés : le bloc de l'Afrique occidentale, qui se situe entre le Sahel et l'Atlantique, et le bloc de l'Afrique orientale des hautes terres qui s'étendent de l'Érythrée jusqu'en Afrique australe. Notons qu'entre ces deux ensembles, se localise une zone de dépression démographique allant du Soudan à la Namibie en passant par le Bassin du Congo.

Illusion d'optique à des fins politiques

L'Afrique, un grand continent. *La carte de l'Afrique comme vous ne l'avez jamais vue,* titre France Info de la rédaction parue le 27 aout 2017 par Pierre Magnan.

Oui, vous ne rêvez pas, l'illusion d'optique y est pour beaucoup dans la projection des continents de la forme sphérique à celle qui est plate. Le continent africain a été réduit à la même taille que le Groenland (qui rentrera 14 fois en Afrique), une déformation très sensible si l'on croit aux proportions réelles mesurées, l'Afrique occupe 6% de la surface totale de la terre et 20% de la surface des terres émergées, le continent a donc une superficie de 30 415 873 Km^2, occupée au tiers par les zones hyper-arides, semi-arides et arides constituées du désert le plus chaud au monde, et le plus grand du continent le Sahara et le Sahel *(bande continue des savanes tropicales semi-arides située au sud du Sahara)*. De son extrémité nord-est, à Ras ben Sakka en Tunisie, à son extrémité sud, au Cap des Aiguilles en Afrique du Sud, le continent s'étend sur environ 8 000 km. Du Cap-Vert, à son extrémité ouest, à Ras Hafun en Somalie, à l'extrême est, il s'étend sur 7 400 km. Ainsi, l'Afrique occupe le 3ᵉᵐᵉ rang des continents les plus grands du monde. Avec 1,2 milliard d'habitants, l'Afrique est renvoyée au 2ᵉᵐᵉ rang mondial de ceux les plus peuplés.

Pourquoi Mercator, un géographe flamand, qui publia en 1538 la carte reprenant la projection qui porte son nom, a-t-il minimisé la surface de l'Afrique par rapport à d'autres continents ? Projection, qui est la plus utilisée pour représenter le globe terrestre. Un hasard ? Heureusement qu'une autre projection existe, qui, contrairement à Mercator, respecte les proportions sur les surfaces réelles et celles de la carte. Ainsi la cartographie peut être utilisée à des fins politiques ou carrément être politisée.

Le continent africain compte 54 pays qui se répartissent de la manière suivante :

A. Les pays de l'Afrique du Nord ou le Maghreb : Algérie (le pays le plus grand du continent par sa superficie et classé 10ᵉᵐᵉ au monde), Égypte, Libye, Maroc, Mauritanie, Soudan, Soudan du Sud, Tunisie.

B. Les pays de l'Afrique de l'Ouest : Bénin, Burkina Faso, Cap Vert, Côte d'Ivoire, Gambie (le plus petit État continental), Ghana, Guinée, Guinée-Bissau, Liberia, Mali, Niger, Nigeria (le plus peuplé d'Afrique environ 160 millions habitants, au 7ème rang mondial), Sénégal, Sierra Leone, Togo.

C. Les pays de l'Afrique Centrale : Cameroun, Gabon, Guinée Équatoriale, République Centrafricaine, République Démocratique du Congo, République du Congo, Sao Tomé et Principe, Tchad.

D. Les pays de l'Afrique de l'Est : Burundi, Djibouti, Érythrée, Éthiopie, Kenya, Ouganda, Rwanda, Seychelles (le plus petit d'après la superficie et le moins peuplé environ 92 000 habitants), Somalie, Tanzanie.

E. Les pays de l'Afrique Australe : Afrique du Sud, Angola, Botswana, Comores, Lesotho, Madagascar, Malawi, Ile Maurice, Mozambique, Namibie, Swaziland, Zambie, Zimbabwe.

Destin scellé par des étrangers

Les frontières des pays africains sont en grande partie issues de la colonisation. En 1884, lors de la conférence de Berlin, quatorze puissances mondiales de l'époque *(Allemagne, Autriche-Hongrie, Belgique, Danemark, Empire ottoman, Espagne, États-Unis, France, Grande-Bretagne, Italie, Pays-Bas, Portugal,*

Russie, Suède) ont participé à cette assise soldée par une charte de la colonisation pour décider du sort de l'Afrique. Les seuls grands absents à cette réunion étaient les représentants de ce continent dont le sort se scellera à jamais après 400 ans d'esclavage, d'asservissement et de déportation. Un destin estampillé, sans consentement de ceux qui subiront les conséquences la plupart désastreuses des mesures impropres prises à des kilomètres très loin par ceux qui deviendront par la suite colonisateurs.

Crime et –réparation–

« La colonisation fait partie de l'histoire française. C'est un crime, c'est un crime contre l'Humanité, c'est une vraie barbarie. Et ça fait partie de ce passé que nous devons regarder en face, en présentant nos excuses à l'égard de celles et ceux envers lesquels nous avons commis ces gestes. » Déclaration d'Emmanuel MACRON en 2017 à l'université Ouaga 1 à Ouagadougou au Burkina Faso. (https://www.lemonde.fr/afrique/article/2017/11/20/le-discours-de-ouagadougou-d-emmanuel-macron_5222245_3212.html)

Horrible est de constater que dans certains médias occidentaux, les conséquences liées à l'esclavage sont minimisées ou hiérarchisées par rapport à d'autres méfaits qu'a connu l'Humanité. La plus récente déclaration aberrante, avec un parallèle assez douteux entre l'esclavage et la shoah, est celle d'une certaine Christine Angot qui, sur le plateau d'une émission télé « On n'est pas couché », s'est offert le luxe de dédramatiser le passé sombre de l'Afrique qui pèse encore très lourd dans la conscience occidentale. L'ignorante raconte *« le but avec les juifs, pendant la guerre, ça a bien été de les exterminer, c'est-à-dire de les tuer... On veut confondre avec l'esclavage, l'esclavage des noirs qu'on voyait aux États-Unis ou ailleurs. C'était exactement le contraire. L'idée c'était qu'ils soient en bonne forme et en bonne santé pour pouvoir travailler fort, être vendus ou qu'ils soient commercialisables. Ce n'est pas vrai que le traumatisme soit le même. Ce n'est pas vrai que les souffrances infligées au peuple soient les mêmes... »* Cette déclaration a déferlé sur la toile, les tons sont montés pour recadrer la dame blanche et ignorante. Quand on ignore l'Histoire d'un peuple, on se tait et on ne s'aventure surtout pas à essayer d'établir des comparaisons superflues, vides de sens dans une place publique. Dommage est de s'apercevoir que personne sur le plateau n'a été capable de lui apporter la lumière à son insipide réflexion. Tous ces gens sur ce plateau n'ont eu droit qu'à quelques paragraphes sur l'esclavage dans les livres, qui leur étaient octroyés lors de leur apprentissage de l'Histoire. Cette ignorance est considérée comme une insulte et un manque total de respect. Dire que tel crime est bien moins grave que tel autre, c'est irréfléchi. Tout crime est d'abord crime.

Pourquoi faut-il donner un choix favorable entre le génocide causé par la traite négrière et la shoah ? Pourquoi faut-il comparer la peste et l'Ebola ou la malaria ? Pourquoi faut-il comparer les guerres occidentales (mondiales) aux guerres civiles qui sévissent le continent africain ? À un moment, il faudra arrêter ce genre de confrontation inopportune et de non-sens. Les crimes ou épidémies ravageuses ne doivent subir aucun parallélisme. Est-ce que madame Angot s'est aperçue de la gravité de son argumentaire ? Combien d'Africains sont morts pendant le commerce d'esclaves lors de la traversée du Pacifique ou de l'Atlantique ? Ce n'est pas parce que certains manuels scolaires occidentaux vous ont dissimulé la vraie Histoire que vous devez vous permettre de balancer avec impassibilité de telles élucubrations. Devons-nous considérer les Kapos (des juifs qui jadis étaient chargés d'encadrer, de molester leurs propres frères et sœurs dans les camps de concentration) comme des privilégiés, et minimiser la portée de la shoah comme c'est le cas avec la Traite des noirs ?

Entassés comme des bétails, empilés les uns sur les autres dans leurs propres excréments, affamés, des milliers d'esclaves ont rendu l'âme avant même d'atteindre les côtes occidentales à cause des maladies, de la faim et d'un abominable traitement. Des conditions inhumaines de traitement, des exactions commanditées lorsque ces esclaves n'arrivaient plus à produire suivant le quota. Imaginez plus de 11 millions de Congolais morts par exaction sous les ordres de Léopold II roi des Belges et souverain du Congo Belge. Et, que dire des premiers camps de concentration instaurés en Namibie par les colons allemands ? Des organisations racistes comme le klu klux klan, qui avait comme mission d'exterminer la population noire du territoire des États-Unis. L'animal avait plus d'importance que l'homme noir, qui devait se soumettre au bon vouloir de son maître. L'homme noir a été privé de son humanité pendant des siècles et des siècles. Après l'esclavagisme vient la colonisation, qui en est un, mais sous une autre forme, car la servitude était le maître-mot. Aujourd'hui encore, le néocolonialisme empêche les pays africains de se développer à cause des prédateurs occidentaux, qui continuent de piller les richesses africaines, d'exploiter l'homme Africain, mais surtout de lui fournir la logistique nécessaire pour se livrer à des guerres civiles dont les retombées juteuses (ressources minières et pétrolières) leur reviendraient de droit. Apprenez l'histoire avant de dire n'importe quoi sur un Peuple.

Il faudrait non seulement une reconnaissance, mais aussi une réparation de tous les crimes commis en Afrique, et contre les populations noires, dont les traumatismes sont encore vifs.

Il est évident que certains pays comme la Belgique peinent à reconnaître les crimes organisés entre 1885-1908. D'autres, par contre, se lancent dans la reconnaissance des atrocités commises en Afrique. Il a fallu plus de cent ans pour que la république d'Allemagne puisse accepter de présenter des excuses, qui souffrent d'un brin sincérité, aux Hereros (peuple sud-ouest africain, actuel Namibie) victime d'un génocide par empoisonnement, travaux forcés, déportations, condamnation à mort pour désobéissance à l'autorité coloniale en 1904. En 2008 l'Italie emboita le pas en mettant fin à quarante ans de relation amère avec Éthiopie en reconnaissant ses crimes perpétrés entre 1911 et 1943. Le Royaume-Uni a attendu 60 ans pour présenter officiellement ses excuses en 2013, suite à un long affrontement juridique, de la répression sanglante et des tortures infligées aux Mau-Mau du Kenya dans les années 1950.

Cependant, il ne suffit pas seulement de reconnaître ces nombreux crimes, mais il faudra aussi les réparer. La prise en charge, historiographique, psychologique, sociologique et politique de ce passé qui hante aujourd'hui l'Europe du fait de la vulgarisation de cette question des crimes commis en toute impunité, demeure l'un des défis majeurs et collectifs de l'Occident. Les séquelles, découlant des conséquences de ces actes odieux, sont observées sur tout le continent. Parmi lesquelles l'instabilité politique, les iniquités économiques, la crise identitaire, l'exode massif, les tragédies humanitaires, fuite des cerveaux…

L'Afrique dans la démesure

En présentant succinctement l'Afrique, on s'aperçoit qu'elle est diversifiée du point de vue géographique, historique, économique, culturel et géopolitique.

Son immense superficie lui confère un aspect imposant, sa beauté « paradis de la biodiversité » ainsi nommée par le Programme des Nations Unies pour l'Environnement, abritant le second plus grand massif forestier mondial en l'occurrence le Bassin du Congo. L'Afrique est le second poumon de la planète. La variabilité climatique est observée dans tout le continent. Les climats et les milieux naturels sont très diversifiés. La géographie et l'échelle des climats vont des déserts aux savanes, des forêts aux végétations méditerranéennes. Oui, il fait chaud en Afrique comme pour dire le beau temps n'est pas une denrée rare. Le relief oppose les plaines, les vallées, les plateaux et les montagnes. On peut différencier six zones : Soudano-Sahélienne, Occidentale humide et Sud humide, Australe subhumide et semi-aride. Dans les extrêmes, les déserts sont en prédominance : le Sahara, le Namib, ou le Kalahari. La majeure partie du continent est située sous les tropiques, certaines régions y afférentes sont sujettes à un climat maritime et d'autres sont sujettes à un climat continental et est caractérisé par la présence d'importantes étendues désertiques. Les extrêmes nord et sud offrent un climat tempéré.

Un continent multiculturel, les linguistes recensent plus de 2 000 langues vivantes dans le continent, soit environ le tiers des langues parlées au monde.

L'Afrique est extrêmement riche en ressources naturelles minérales, énergétiques et hydriques qui alimentent les appétits poussés à la frénésie des pays occidentaux et orientaux.

On est loin de la fin des haricots tant que les communautés africaines s'imprègneront de la connaissance exacte des potentialités de l'Afrique. Ce qui amènera la prise de conscience collective, le sens élevé du patriotisme, la volonté politique axée sur l'émergence, le goût de l'investissement pour construire une Afrique puissante, compétitive et prospère.

CHAPITRE 2 : TERRE D'ESPOIR ET D'AVENIR, CENTRE DES CONVOITISES.

« La colonisation débute généralement par des opérations militaires, au cours desquelles il est de coutume de piller les peuples conquis. Ce droit de prise est d'ailleurs reconnu par le droit de la guerre de l'époque » Francis SIMONIS *maître conférencier en histoire d'Afrique.*

Il est question dans les paragraphes qui vont suivre d'essayer de balayer les idées préconçues d'une Afrique maudite, à dessein abandonnée à son triste sort. Comprendre pourquoi elle a été ou est « cette poule aux œufs d'or », qui fait le bonheur de tous sauf d'elle-même. L'Afrique comme l'eldorado, qui offre les meilleures conditions de vie, la source intarissable d'opportunités, la puissance en devenir, oui, cette Afrique parfois vue avec condescendance, mais pourtant à qui tout le respect du monde devrait être dû.

DÉSILLUSION

*Le jeune **Clédjo KOUAKOU** est né en France. Des parents originaires d'Afrique subsaharienne, il a grandi sous deux pôles d'influence, le premier est celui des traditions africaines assurées dans sa famille et le second, à l'extérieur, dicté par l'affiliation et l'intégration* du pays qui l'a vu naitre. Il nous raconte dans son récit que l'image de l'Afrique telle que propagée dans son milieu, depuis son jeune âge, portait à croire que ce continent sous-développé devait tout à l'homme blanc. La dignité, l'honneur, la civilisation, la religion… des présents offerts par des bons offices des partenaires occidentaux. Cette fixation s'est oblitérée depuis qu'il a émis ce souhait d'apprendre l'histoire, la vraie histoire non filtrée par les esprits paternalistes, et de se ressourcer sur la terre de ses origines.

Dylan SELASSIE, quant à lui, est né aux États-Unis d'Amérique. Toute son enfance a été bercée par l'image d'un continent africain sauvage. Il n'existait aucune infrastructure urbaine, aucune civilisation honorant la classe humaine moderne… En résumé l'Afrique comme une vraie jungle telle que présentée par Hollywood. J'ai été abasourdi, dit-il, quand j'ai vu l'image maternelle qui a occupé ma mémoire plus de trois décennies en atterrissant à l'aéroport international d'Addis-Abeba en Éthiopie pour ma première fois, raconta le jeune homme de 38 ans.

J'ai passé le plus clair de ma vie en me gavant les idées d'une Afrique poubelle, où tout espoir était amoindri dans le noir profond, et où la réalité n'offrait aucun avenir prometteur. Jusqu'à ce que j'ai foulé mes pieds pour la première fois, après 20 ans de course pour attraper un métro dans le froid de canard à l'aurore, 20 ans de course à la montre pour combler le *fossé dans lequel je me trouvais déjà, 20 ans de crise d'angoisse, 20 ans de lutte pour éviter la dépression, 20 ans de travail acharné pour ne serait-ce qu'avoir le pain quotidien, oui, 20 ans après la réalité était différente sous mes propres yeux. Est-ce parce que je pouvais établir une comparaison puisqu'ayant vécu une grande partie de ma vie aux États-Unis ? Les opportunités entre mes mains, j'ai finalement réalisé que l'Afrique c'est encore cette terre propice pour n'importe quelle semence, nous confia-t-il.*

Ces témoignages de bon augure atterrissent comme prélude afin de nous placer sur l'orbite de la connaissance historique et contemporaine de l'Afrique pour y déceler les explications aux questionnements, mais également d'éclairer certaines zones d'ombre, jadis, un frein pour la vision progressiste de l'Afrique par les Africains.

Le continent africain se trouve être l'un des plus riches du monde. Ceci n'est pas juste un slogan ou une phrase pour redonner espoir. Ces mots sont bel et bien une réalité, prononcés souvent pour mettre du cœur au ventre afin de s'accaparer nos propres richesses et placer l'Afrique sur le front du développement et de l'émergence. Pour mieux assimiler cette théorie, nous devons nous référer à l'histoire afin de comprendre les vrais enjeux politico-socio-économiques dont l'Afrique a toujours été le point focal pour les Occidentaux et les Orientaux.

L'AFRIQUE, AU CENTRE DE LA CONVOITISE DEPUIS ET TOUJOURS

Du Nord au Sud, de l'Est à l'Ouest, le continent africain est béni par le Bon Dieu via la mère Nature.

Des ressources minérales et énergétiques (telles que l'or, le cuivre, le cobalt, le diamant, le coltan, le fer, l'uranium, le zinc, l'argile, le calcaire, le pétrole, le charbon, le gaz...) à des quantités industrielles importantes, des ressources hydriques en passant par des terres arables ont été à la base de la convoitise de l'orient et de l'occident depuis belle lurette. Considérées par certains Africains comme une malédiction, ces ressources naturelles exportées brutes sans être transformées, des contrats léonins, des contrats mal négociés traduisant parfois un bradage de ces richesses, constituent au fait un manque à gagner énorme pour le continent qui ne peut repousser la pauvreté qui sévit dans les populations dormant sur cette opulence. Les conflits armés, les guerres civiles, les violences ethniques s'ajoutent à cette liste non exhaustive pour expliquer les raisons de cette malédiction.

Le reste du monde doit beaucoup à l'Afrique, compte tenu de l'histoire antique et contemporaine. La surexploitation de ce continent au détriment des autochtones a débuté depuis l'Antiquité et se poursuit jusqu'à ce jour.

L'AFRIQUE A LONGTEMPS ÉTÉ DÉPOUILLÉE DE SES ENFANTS, DE SON SOL ET SON SOUS-SOL.

La quête des hommes et des femmes robustes.

Connu sous le nom de commerce triangulaire ou traite atlantique, ces Africains étaient amenés à travailler dans des plantations, la main-d'œuvre de grands travaux, mais également être les personnes à tout faire au service de l'homme occidental ou oriental. La traite des esclaves avait pour seul but d'amasser de l'argent grâce aux travaux forcés, de construire de belles colonies avec la sueur et le sang des captifs. La période la plus sombre de l'histoire de l'Afrique, cette maléfique traite des esclaves, qui remonte à des siécles, dont le processus d'abolition a débuté vers les années 1761, a laissé des traces indélébiles. Arrachés de force à leurs terres respectives, rendus esclaves, séparés des familles, carcans aux cous, chaines attachées aux pieds et serrées aux mains, comme du bétail, ils n'avaient là aucune chance de revoir leurs familles et leur faire des adieux. Un aller sans retour envisageable. Des créatures malheureuses parce qu'elles étaient noires. En rang ou se déplaçant ici et là ; des corps nus étendus n'importe comment sous

47

des baraques, hommes, femmes, enfants et nourrissons perdus dans l'inimaginable, entassés comme un butin dans un dépotoir, les conditions abominablement inhumaines, qui se soldaient souvent par des morts tragiques bien avant même le départ, relate un guide touristique sénégalais à l'Île de Gorée, vers le large de Dakar, qui fut l'un de point de transit avant de rejoindre l'autre bout du monde.

Il y a eu, bien avant la traite des esclaves en partance pour l'Europe et les États-Unis, la traite qu'on qualifie d'intra-africaine ainsi que la traite arabe. Longtemps, en Afrique, les conflits entre peuples voisins se sont souvent soldés par la captivité du vaincu par le vainqueur. Les captifs étaient soit assimilés, soit voués à certains travaux forcés jusqu'à leur intégration et/ou assimilation. Il sied de rappeler que cette traite intra-africaine est très différente de la traite infligée par les occidentaux et par les arabes. Suite à l'expansion islamique qui amplifia le trafic transsaharien faisant circuler entre le Nord et le Sud, le sel, l'ivoire, l'or, mais également des esclaves. Cette traite arabe des esclaves subsahariens a pris une grande envergure, car elle représentait une bonne part de la caravane. La côte Est-Africaine a été le théâtre de grands échanges commerciaux entre les marchands venant du Moyen-Orient, de l'Inde, de la Chine via Zanzibar, qui était le territoire de transit. La traite arabe, à elle seule, a enregistré plus de quatre-vingts millions d'esclaves déportés. Les noirs esclaves, les survivants de la traversée à pied du désert, ligotés comme du gibier, étaient victimes de ce qu'on appelait *opération de castration* sur les terres arabes, et qui ont coûté la vie à des millions d'esclaves pendant 1400 ans. Les pénis et le scrotum étaient sauvagement coupés pour qu'ils ne soient plus aptes à la reproduction. Un crime à ne jamais oublier. Ainsi, la traite arabe établie depuis le Moyen Âge fut pratiquée pendant des siècles. Dommage est de constater que dans certaines familles arabo-musulmanes contemporaines, il existe des descendants d'esclaves noirs encore considérés comme tels…

Le travail forcé, la privation, le châtiment corporel, la mort, la mutilation, le traitement condescendant, la castration, le génocide, voilà en quelques mots le versant obscur de l'esclavage et l'œuvre colonisatrice.

À ce jour, des cas isolés d'esclavagisme s'observent en Asie, au Maghreb et dans certains pays subsahariens. L'exemple le plus proche fut en 2017 quand la chaîne de télévision américaine CNN publia pour la première fois des images ahurissantes montrant des migrants subsahariens et quelques Maghrébins exposés dans un marché d'esclaves en Libye. Une pratique, qui n'était pas inconnue, mais finalement mise à nue à la télévision au grand désappointement de tous.

Notons aussi que lors de deux guerres mondiales, qui ont ébranlé notre terre, le continent africain a contribué inlassablement en fournissant des vaillants et dignes fils Africains pour combattre aux côtés des nations colonisatrices. Au Congo-Belge par exemple, cette guerre n'avait pas seulement d'impact sur la force publique (armée de la colonie composée des militaires autochtones), les mineurs du Katanga ont vu leur rythme de travail être accéléré de façon exponentielle pour produire plus de cuivre dont la guerre avait fait augmenter la demande. Les obus américains et britanniques à Ypres, Passendale, Verdun et dans la Somme avaient des douilles en laiton composées à 80% du cuivre de la cooperbelt du Katanga en Congo RD. Cependant, les exportations coloniales passèrent de 52 millions de francs belges en 1914 à 165 millions en 1917.

La traite des esclaves eut un impact considérable dans l'Afrique subsaharienne. Des vies ont été dévastées, des régions désorganisées, mais elle fût, il faut le reconnaître, à l'origine d'un commerce régional très intense dans un monde d'agriculteurs, des pêcheurs et des chasseurs, naquit un autre type de métier celui des commerçants. Et, pour cela, les colonisateurs étaient amenés à imposer par la force leur domination.

L'agriculture d'exportation et la ruée vers les matières premières.

Les immenses terres arables africaines ont révélé une source providentielle dans l'agriculture d'exportation. En Afrique de l'Ouest par exemple, des planteurs africains, des agriculteurs occidentaux ont exploité de façon intensive le sol pour produire du cacao, de l'huile de palme, les sucres de canne, les arachides, les légumes, les fruits exotiques et le coton. Cette culture d'exportation s'est avérée fructueuse compte tenu du marché international. Certains occidentaux ont bénéficié de l'influence de gouvernements coloniaux et leur indéfectible soutien coercitif pour posséder de vastes terrains en vue de garder le monopole du marché, mais également détenir des esclaves commis à leurs services pour leurs propres intérêts. Pour d'autres, cela ne réussissait pas toujours, W. H. Lever, fabricant de savon à base d'huile a cherché l'appui de l'autorité coloniale pour créer de vastes plantations d'huile de palme au Nigéria. Ses tentatives ont été récusées d'autant plus que la préférence était du côté africain, car ils avaient la connaissance du sol et ils rejetaient certains conseils, qui ne connaissaient aucun succès, lesquels conseils prodigués par des agronomes coloniaux en vue d'une exploitation intensive.

Ainsi, lors des guerres mondiales, les populations étaient contraintes de cultiver les riz, le coton et certains autres produits de première nécessité pour servir l'occident parti en vrille. Ces cultures obligatoires fut imposées par le pouvoir public, l'autorité coloniale.

Le sous-sol congolais s'avéra receler un véritable scandale géologique, qualifia Jules Cornet, un jeune géologue belge, enseignant à l'université de Mons. Aucun pays au monde n'a eu autant de chance que le Congo. Ces cent cinquante dernières années, chaque fois que le marché international a exprimé une demande pressante en matières premières, le Congo a répondu présent en se faisant dépouiller et laisser à son triste sort : l'ivoire à l'époque victorienne, le caoutchouc lors de l'invention du pneu gonflable, le cuivre à l'ère de la révolution industrielle, l'uranium durant la guerre froide, le courant alternatif pendant la crise pétrolière des années 1970, le coltan a l'ère de la téléphonie mobile, le cobalt (l'or vert) indispensable dans les nouvelles technologies.

L'Afrique du Sud par exemple fut la vache à lait des Britanniques. Elle possédait déjà l'or et le diamant. La population était dépouillée de ses terres, soumise aux travaux forcés par les colons sadiques et sans vergogne, moulée au capitalisme cru.

Les révolutions industrielles ont été demandeuses de matières premières et du capital humain pour assouvir l'appétit de l'évolution. La contribution africaine dans ces révolutions a été d'une importance très capitale. L'Afrique, berceau de l'Humanité, mais également les seins maternels du monde. Elle n'a pas seulement fourni la ressource humaine, mais aussi les matières premières, qui ont foncièrement contribué au développement de l'occident, mais également de l'orient.

Dépouillement du Patrimoine Culturel

« La conservation de la culture a sauvé les peuples Africains des tentatives de faire d'eux des peuples sans âme et sans histoire [...] et si [la culture] relie les hommes entre eux, elle impulse aussi le progrès. Voilà pourquoi l'Afrique accorde tant de soins et de prix au recouvrement de son patrimoine culturel, à la défense de sa personnalité et à l'éclosion de nouvelles branches de sa culture. »

« Manifeste culturel panafricain », Souffles, no16-17, 4e trimestre 1969, janvier-février 1970, p. 9-13.

Un peu plus d'un demi-siècle, certaines nations africaines telles que le Nigéria, l'Éthiopie ont délié leurs langues par rapport à cette grande question, celle de la restitution du patrimoine culturel africain, spolié lors de la période précoloniale et coloniale. Les travaux de restitution ont débuté dans certains pays d'Europe, fruit d'un travail de longue haleine des juristes, des directeurs de musées, des chercheurs, des militants associatifs ainsi que des collectionneurs africains, qui ont remporté la première manche de la bataille en exigeant la restitution officielle du patrimoine africain. Cette victoire partielle a pour objectif majeur de mettre fin au système d'appropriation et d'aliénation construit depuis des centaines d'années, durant l'époque coloniale et qui n'est toujours pas obsolète à ce jour.

L'Afrique subsaharienne est dépourvue de la quasi-totalité de ses œuvres alors que d'autres régions du monde représentées dans les collections des musées européens conservent une part très importante de leurs œuvres. Les musées européens doivent impérativement restituer le patrimoine culturel africain, qui s'élève à des milliers d'objets d'Art. En France par exemple, au musée du Quai Branly, on compte plus de 70 000 œuvres africaines. Le belge Guido Gryseels directeur de l'Africa Museum à Bruxelles approuve la restitution de certains objets symboliques et affirme envisageable l'ouverture de l'inventaire de son institution, 180 000 pièces, aux musées nationaux africains.

Certains objets ont été rendus par les pays colonisateurs au lendemain de la colonisation comme cadeaux offerts. Ainsi, en 1957, la reine d'Angleterre restitua à l'actuel Ghana, une œuvre de grande valeur, une seule alors sur des milliers, en l'occurrence le tabouret Asante à l'occasion de la célébration de l'indépendance. Et depuis plus rien. Le Zaïre, devenu la République Démocratique du Congo aujourd'hui, obtenant après d'âpres négociations, des années après l'indépendance, environ quinze ans, quelques dizaines de pièces sur les 180 000 objets ethnographiques de Tervuren. Plusieurs autres pays ont exprimé ce souhait de voir leurs œuvres restituées, mais la peine était perdue vu la sourde oreille des envahisseurs à cette époque.

Quoi qu'on puisse dire, ces musées ouverts au public moyennant une somme pour les visiter, ont indéniablement tiré profit des œuvres pillées, dont l'Afrique n'a aucunement bénéficié depuis des siècles. Une réparation pécuniaire serait la bienvenue pour les propriétaires.

Exode massif

On peut répartir cet exode en deux catégories.

Le premier exode : c'est celui qui a duré plus de 400 ans. La traite des esclaves. Cet immonde traitement infligé aux Africains, qui a ôté la vie à des dizaines des millions d'entre eux, mais aussi qui est à la base d'un dépeuplement massif des territoires africains privés des hommes et des femmes robustes capables de travailler chez eux au bénéfice de leurs terres.

Le deuxième exode : c'est celui de la traversée méditerranéenne ou du pacifique à la quête d'une formation académique répondant au standard international (un phénomène qui est à la base des fuites des cerveaux) ou carrément la ruée vers l'eldorado occidental à la recherche d'un nouveau souffle de vie (l'esclavagisme contemporain).

Ces deux notions évoquées seront traitées dans le chapitre suivant.

Aujourd'hui encore, l'Afrique, quoique dépouillée depuis des siècles, continue d'étancher la soif des étrangers qui voient en elle une opportunité capitale d'augmenter de façon exponentielle leurs chiffres d'affaires, d'imposer encore un capitalisme parfois sanguinaire dans le seul but d'exploiter les richesses du sol et du sous-sol, mais surtout de contrôler l'économie par le moyen politique qui a, c'est évident, fait ses preuves depuis des lustres.

En détenant, des quantités très importantes des richesses potentielles, calculées et prouvées de ce monde, sa population croissante étant un atout majeur pour le commerce, son climat encore favorable pour mener une vie plus que décente, sa place dans le développement durable, l'Afrique demeurera toujours cette belle femme convoitée par tous. C'est aux Africains de prendre conscience et de saisir leur destin en mains pour faire de l'Afrique une puissance mondiale et un modèle de développement.

CHAPITRE 3 : LE MYTHE DE L'ELDORADO OCCIDENTAL

CE MYTHE DU DÉSENCHANTEMENT

« On vous nie en tant qu'être moral, culturel, on ferme les yeux et on ne voit pas les évidences. On compte sur votre complexe, sur votre aliénation, sur votre conditionnement, les réflexes de subordination et tant de facteurs de ce genre. Et si nous ne savons pas nous émanciper d'une telle situation, il n'y aura donc pas de salut. On mène contre nous le combat le plus violent, plus violent que celui qui a conduit à la disparition de certaines espèces, il faut justement que votre sagacité intellectuelle aille jusque-là » Cheikh Anta Diop à la conférence à l'Université de Niamey en mai 1984 sur « l'apport de l'Afrique à la civilisation ».

Cette réflexion soutenue par son auteur, nous renvoie à une prise de conscience collective qui illuminera notre combat pour les communautés africaines et pour l'Afrique. Un travail obscur de grande ampleur a été abattu par les colons pendant la période coloniale pour déposséder l'Africain de ses terres, ses richesses, sa culture ainsi que son identité. La conséquence a été de présenter l'homme blanc comme le sauveur providentiel de l'homme noir considéré comme sous-homme qui n'avait pas à se plaindre du malheur qui s'abattait sur lui suite au traitement infligé par l'homme blanc.

La pensée unique, c'est celle de considérer l'homme blanc comme étant l'idéalisme personnifié, par conséquent, l'endroit d'où il vient ressemble sans doute à un paradis terrestre. Chaque année, ils sont des centaines de milliers à tenter de s'échapper de l'Afrique, mais rares sont ceux qui atteignent l'Occident. L'Europe s'interroge. Et pourtant elle est la cause de cette affluence massive, l'émigration clandestine des Africains sur son territoire. Est-ce une question de la perméabilité de ses frontières ? Quelle politique adopter pour mettre fin à ce mouvement qui devient encombrant pour elle ? L'Union européenne passe des accords avec certains pays d'Afrique en proposant plus d'aide au développement contre un renforcement de contrôles aux frontières. Elle compte sur ses partenaires de régimes dictatoriaux pour pallier ce flux migratoire. Elle dépense plus 8 milliards d'euros pour tenter d'endiguer ce phénomène. Des trafics d'armes et de minutions, et voire même celui d'hommes et de femmes ont vu le jour dans certains pays où transitent les migrants, la conséquence n'est plus à démontrer. Le Sahara est devenu un cimetière à ciel ouvert, de nombreux migrants meurent à mi-chemin tentant de contourner les points de contrôle. Ceux qui réussissent à franchir cette première calamité, se heurtent à une seconde la traversée de la Méditerranée. Les plus chanceux, un nombre très réduit, atteignent les côtes de l'Europe, de là, une troisième course à la mort les attend, l'intégration, l'obtention des papiers, le logement, le travail… Une désillusion que même les larmes ne pourront essuyer. Ils sont nombreux ces migrants à faire des vidéos pour exprimer leurs désenchantements, après qu'ils aient été rescapés, la réalité est plus qu'amère, ils découragent ceux qui sont tentés par cette aventure, mais rien n'arrête un Africain bercé par l'imaginaire de l'eldorado occidental.

Pourquoi l'Africain désire à tout prix partir, pourquoi l'intérêt d'émigrer vers l'occident, alors que tout est mis en place pour l'empêcher et même causer sa mort à mi-chemin ? Pour comprendre cette problématique, il faudra remonter à l'époque coloniale et postcoloniale en vue de se saisir du vrai problème et adopter une nouvelle politique pour mettre fin à ces tragédies.

OPÉRATION SÉDUCTION

SOURCE DE L'IMAGINAIRE COLLECTIF

Pour expliquer l'origine de l'imaginaire collectif, la notion de l'expansionnisme occidentale doit être assimilée. Il a eu cependant deux raisons principales : la première est le commerce et la deuxième est le nationalisme couplé à la frénésie d'expansion territoriale outre-mer pour imposer sa grandeur et sa force. C'est ainsi que les nations occidentales se sont lancées à la conquête de nouveaux territoires, le début de la colonisation.

Le désir ardent des Africains de forcer les frontières européennes, voire même américaines, de nos jours, trouve sa source pendant la période coloniale. À la volonté d'étendre son pouvoir, l'homme blanc a touché les côtes africaines, et depuis, il ne s'est jamais départi de ses aspirations : exploiter, surexploiter, assouvir son appétit, peu importe les moyens pour y arriver.

L'homme blanc s'est confronté à l'homme noir pas toujours naïf comme on le présente souvent dans certains récits écrits par les occidentaux. Quoique bien outillé par des fusils à canon pour semer la terreur, il se livrait à des affrontements parfois sanguinaires, dans lesquels on comptait des centaines de milliers de morts de part et d'autre. Pour y remédier, l'homme blanc a lancé l'opération séduction. Il faudra admettre que si le blanc a pu s'octroyer les faveurs de l'Afrique, c'est premièrement parce qu'il a été le plus rusé et deuxièmement parce qu'il a imposé la force (armes et moyens logistiques) quand la ruse n'était pas opérante sur certains autochtones. Pour ne parler que de la ruse, notons ici que la peau claire de cet homme l'a amené à développer certaines théories selon lesquelles il serait un être supérieur à l'homme noir ; le monde d'où il venait serait le lieu de délices (où tout était évolué, différent de l'état sauvage dans lequel se trouvait l'Afrique ; tout était beau...). Ces théories ont renforcé sa suprématie qui coûta très cher à l'homme noir victime de l'esclavagisme et de la colonisation en étant conquis, subjugué et asservi pendant des siècles.

David Van REYBROUCK relate dans son livre Congo UNE HISTOIRE p58-59 : « ... un jour, le riverain était venu rendre visite à mes parents. » C'est ainsi que commence le plus vieux du souvenir de DISASI MAKULO. Il devait avoir 5 ou 6 ans à l'époque. Il leur fit un récit très étrange. *« Ils racontèrent qu'il avaient vu quelque chose de bizarre, un fantôme peut-être, sur le fleuve. ». « Nous avons vu, disait-il, une grande pirogue mystérieuse qui marche toute seule. Dans cette pirogue se trouvait un homme tout à fait blanc comme un albinos, entièrement vêtu, on ne voit que la tête et les bras. Il a avec lui des hommes noirs. »*

L'homme blanc, ce fût le célèbre navigateur Henry Morton Stanley. Les quelques noirs étaient ses porteurs et ses aides venus de Zanzibar. Et, la grande pirogue le Lady Alice, son bateau en acier de 8 m de long avec lequel il entreprit la navigation en 1875 à la recherche du célèbre docteur David Livingston perdu dans la partie Est de l'Afrique.

Ce petit extrait démontre que le Congo n'avait pas besoin de Stanley pour exister ou encore entrer dans l'histoire. La région n'était pas vierge, et depuis 1500, un commerce international s'y pratiquait déjà.

Mais, l'idée derrière ce paragraphe du livre CONGO une histoire, c'est de comprendre l'origine même du mythe occidental. L'homme blanc aperçu pour la première a été considéré comme un fantôme, un revenant, un surnaturel. Il renvoyait l'image de la méfiance, de la stupeur, mais aussi une certaine peur liée aux légendes mystérieuses racontées en Afrique.

Débarqué dans un élan d'aventure qui peu à peu a nourri l'appétit politico-économique, la majorité d'explorateurs ont été mandatés par des sociétés savantes européennes pour exécuter les tracés géographiques des cours d'eau, la topographie des reliefs, bref, des missions de cartographies. Et après, une aubaine commerciale pour les matières premières s'est présentée, pourquoi ne pas la saisir ? Le début d'un commerce de troc entre Africain-arabe-occidental. Les Africains offraient des balles de coton, de l'huile de palme, des défenses d'éléphant, des fruits exotiques, des légumes, voire même du bois. L'appétit de l'homme blanc grandit peu à peu pour les matières premières et la main d'œuvre (esclaves) et cela s'est accentué avec le temps et la révolution industrielle. Le blanc a eu recours à la ruse au début, afin d'endormir la méfiance de l'homme noir, en lui faisant des cadeaux pour l'amadouer, en lui faisant comprendre qu'il était là pour civiliser, transformer les villages en villes évoluées à son bénéfice. Et puis très vite, il a eu recours à la force avec des razzias atroces, des villages entiers brûlés, des africains capturés, des résistants massacrés, avec l'aide d'armes plus lourdes et plus féroces que celles que l'homme noir utilisait à l'époque, bien qu'efficaces dans certaines circonstances. Au fil du temps, il a réussi à le déposséder de ses terres, de son pouvoir, de ses immenses richesses mais également de ses dignes fils.

C'est ainsi qu'il posséda les terres et l'homme noir fut commis à son service 24h/24, 7jours/7 pendant une très longue durée.

Bénéficiant des courts séjours sur le sol européen, les domestiques noirs ramenaient non seulement plusieurs présents offerts par leurs maîtres blancs, mais également une tonne d'histoires à raconter. Pour la première fois, leurs yeux avaient vu des choses incroyablement extraordinaires encore à leur niveau. Un monde où tout était différent des milieux d'où ils venaient, une civilisation différente. Ces témoignages n'étaient pas seulement la résultante d'un hasard, mais le fruit d'une programmation bien pensée par l'homme blanc afin de susciter le respect, la confiance, mais également asseoir son autorité. La propagande de l'occident comme paradis terrestre s'est fait à la vitesse de l'éclair. Tout Africain savait désormais que l'herbe était verte de l'autre côté, et c'est l'endroit idéal pour vivre. Désormais, l'homme noir devait baisser davantage le front à toutes exigences de l'homme blanc pour espérer vivre dans un monde comme lui.

Considéré comme une source providentielle, l'homme blanc a joui d'une pleine autorité, jetant sa gourme et nourrissant l'homme noir de théories parfois fallacieuses appuyées malheureusement à tort et à travers par des croyances religieuses, dans l'unique but de l'asservir de plus en plus.

À croire ce proverbe qui dit « On apprend beaucoup de celui qui a réussi ».

Après avoir accompli l'un de ses projets phares, en l'occurrence détruire l'identité culturelle des africains, l'homme blanc se trouva définitivement au centre de tout intérêt. C'est ainsi que tous voulaient ressembler à celui qui était considéré comme l'homme évolué et civilisé. La légende raconte que lorsque l'homme blanc exigeait *plus de travail des asservis, il leur disait, il faut travailler dur pour être comme nous, vos modèles.* Aucun détail ne pouvait échapper à la formule pour arriver à paraître comme son maître. Il fallait s'habiller comme lui, s'exprimer dans sa langue, être instruit, pratiquer sa religion et mettre en évidence sa culture. C'est comme cela qu'on se distinguait dans la société en voulant imiter l'homme blanc qui pendant des décennies a réussi à se construire une image bien plus séduisante que celle de l'Africain.

LE MYTHE RENFORCE

Les terres en possession, l'autorité établie, tout cela a créé une carence en ressources humaines capable d'occuper certains postes administratifs et autres postes de responsabilité dans différents domaines. Les premières écoles modernes ont commencé à naître partout sur le sol africain. La plupart étaient celles des missionnaires catholiques, protestantes et islamiques sous l'autorité coloniale ou une domination étrangère. Savoir lire et écrire, apprendre un métier professionnel, former de nouveaux missionnaires pour la vulgarisation de la bonne nouvelle, telles étaient les raisons avancées.

Replongeons dans l'histoire bien avant la colonisation pour constater que les premières institutions d'enseignement supérieur étaient islamiques. Par exemple, Ez-Zitouna Madrassa à Tunis fondée en 732, la toute première qui fut suivie par l'université Al Qarawyyin à Fez toujours en Tunisie vers 859. En Afrique noire, on compte l'université islamique Sankolé à Tombouctou au Mali, la plus ancienne fondée au début du XIIe siècle, la première non islamique c'est le Collège de Fourah Bay en Sierra Leone en 1826 puis en 1829 South African College au Cap, devenu plus tard université du Cap. Suite à la formation, la naissance d'élites africaines commença à prendre l'ascendant petit à petit. Les précurseurs de l'indépendance ont vu le jour.

Une première vague d'étudiants africains boursiers a émigré en occident dans le seul but d'apprendre et accroître les connaissances. La plupart ont brillé par leurs intelligences et leurs facultés d'adaptation dans des milieux, qui leur étaient étrangers et parfois hostiles. Parmi eux, un bon nombre a été retenu dans le but de travailler pour le compte de l'homme blanc avec tous les avantages qui leur étaient présentés à l'époque. La belle vie, le respect, la considération et une certaine appartenance sociale, le positionnement, le souhait d'évoluer dans un environnement propice, sont là les motivations qui les ont amenés à oublier parfois le sens patriotique et opter pour la vie en occident. Quand ils rentraient pour rendre visite aux familles, un seul message pendait sur leurs lèvres *« là-bas, c'est beaucoup mieux qu'ici »*. Ainsi, le rêve de tout parent était de voir son enfant exceller dans les études pour qu'il bénéficie d'une bourse afin d'aller à l'étranger et devenir un modèle de réussite dans la société. Il faut le dire, ces Africains qui réussissaient à s'intégrer en occident, ils ne manquaient pas d'aider gracieusement leurs familles en Afrique, qui du reste, étaient fières et ne cessaient de tarir d'éloges à leur sujet. C'est ainsi que se renforça le mythe de l'occident.

LE FLUX MIGRATOIRE (à la recherche du bonheur)

Pendant plusieurs décennies, ce mythe a été entretenu par les Africains qui avaient réussi à s'offrir la belle vie en occident. Réussite étalée dans les sociétés africaines par l'octroi de belles villas et autres investissements lucratifs. Ils ont au-delà de toute cette opulence ostentatoire, misé sur le plus important : faciliter l'émigration à quelques membres de leurs familles.

Déjà, il est à noter qu'après la période coloniale, les Africains de la haute bourgeoisie émettaient le souhait de faire instruire leurs enfants en occident dans le but de bénéficier de la meilleure formation possible afin de tenir les rênes de l'entreprise familiale ou d'occuper des postes à responsabilités au niveau du pays.

Ainsi naquit la deuxième plus grande vague d'Africains émigrés jusqu'à ce jour. Cette vague d'émigrés est constituée des Africains soucieux d'obtenir une formation académique de calibre international, une expérience professionnelle décente ou encore ceux-là qui partent se chercher ou carrément fuir les zones fragilisées par des guerres civiles, conflits ethniques, terrorisme, etc. Et pour cela, l'émigration légale se bute à celle clandestine.

Interrogé, Paul ANSU nous raconte pourquoi il ne se lasse pas de chercher les voies et moyens d'émigrer en Europe malgré plusieurs tentatives infertiles. Il raconte *« ici, il n'y a aucun espoir. J'ai fait l'université, mais depuis je cherche un boulot, aucun succès. Si tu n'as aucun parapluie (comprenons ici quelqu'un qui puisse suivre ton dossier de demandeur d'emploi. Cette personne est un membre de la famille ou un proche ou encore celui à qui on paie certaines sommes faramineuses pour obtenir l'appui sur le dossier), c'est peine perdue. Chaque année, des masses des chômeurs inondent le marché de la recherche d'emplois. Je préfère aller me chercher en Europe, car, **paraît-il, là-bas c'est beaucoup mieux »**.* Les propos de Paul pourraient être justifiés dans la mesure où il faut changer d'environnement, tenter l'aventure pour espérer réussir. Une politique socio-économique en déphasage total des réalités du pays, n'offre guère d'espoir à ce jeune Africain.

Comment peut-on résister à l'occident alors qu'on est bombardé au quotidien par des images fortes en promotion dans des séries télé, des télé-réalités, des documentaires dans lesquels un certain train de vie luxueuse est diffusé non-stop ? On s'imagine l'occident comme ce monde du moindre effort pour plus de satisfaction. On arrive toujours par faire fortune et sortir de la misère. On finit par prendre pour modèles ceux qui ont réussi en occident. Le modèle noir ou afrodescendant de la réussite via les réseaux sociaux et nos télévisions envahit les mœurs africaines. La jeunesse africaine ne vit que sur cet espoir d'émigrer et de sortir du gouffre. La conséquence est que le mimétisme côtoie désormais l'aliénation. C'est ainsi que le célèbre anthropologue Arjun Appadurai établit un parallélisme entre les médias de masse, l'imagination populaire et la pratique sociale. (*Modernity at Large : Cultural Dimensions of Globalization*, Minneapolis, University of Minnesota Press, 1996.)

La domination occidentale en Afrique après la colonisation n'épargne pas l'univers symbolique. « *La domination passe aussi par l'instrumentalisation du capital symbolique.* » Pierre Bourdieux.

Cette phase migratoire est à la base d'un phénomène sous différents vocables selon les pays. Dans certains pays, on l'appelle « *tuyaux* », dans d'autres « *nzela makolo : route à pieds* », ou « *tout chemin mène à Rome* ». Une nouvelle forme de business communément appelé « passeur ». Ce boulot est tenu par des personnes bravant toutes autorités en produisant des faux documents. Des réseaux d'émigration clandestine, qui ont pour seul et unique but de constituer un faux dossier pour permettre aux clients de s'évader et d'atteindre l'Occident. Dans un imaginaire viscéral, tous les moyens sont quasiment bons pour atteindre son but : Profiter du séjour lors d'une formation ou atelier de travail, visite des salons, se muer à l'exploitation de l'internet dans le but de trouver un partenaire occidental qui reste très prisé en Afrique et ayant une cote très élevée parce qu'il n'offre pas seulement la possibilité de fouler les pieds sur le sol occidental, mais également l'obtention de la nationalité en cas de mariage, risquer la traversée du désert ou des forêts vierges très dangereuses à ses risques et périls, naviguer sur la Méditerranée avec des embarcations de fortune, l'Africain est prêt à tout.

LE RÊVE VENDU À VIL PRIX

Nous devons comprendre certaines réalités avant d'embarquer et de risquer notre vie en vue de gagner l'occident. Connaître les tenants et les aboutissants relève même du sens élevé de responsabilité. Les réalités ne sont plus comme elles étaient il y a des décennies. L'Europe n'est plus cet Eldorado, qui nous a fait rêver depuis toujours.

Cette responsabilité est partagée. D'une part, par les Africains vivant en occident, et d'autre part, par ceux restés en Afrique.

Voyager, quitter son pays, prendre l'avion, c'est un luxe démesuré dans plusieurs pays africains. Parfois, on a le sentiment d'être sauvé par le gong, le sentiment d'une seconde chance pour se construire une nouvelle vie. La société t'observe avec beaucoup d'estime et d'admiration. Tu as réussi là où plusieurs ont échoué, tu es parti en Europe. Tu es un vrai bagarreur, un guerrier combattant de son époque et désormais ta vie ne sera plus comme avant.

L'Africain est resté figé sur un passé lointain où l'Europe offrait encore cette possibilité idoine de réussir sa vie. De mener un train de vie qu'il n'oserait pas se permettre dans son pays. Oui, effectivement à une époque tout cela était possible. On observait des va-et-vient récurrents de modèles de réussite africaine qui revenaient investir, offrir du travail et repartir.

Josmy NSIMBA, une jeune fille de 27 ans nouvellement arrivée en France nous raconte. *« J'ai fini mes études universitaires en sciences de communication à l'Institut Facultaire des Sciences de Communication et de l'Information en République Démocratique du Congo, précisément à Kinshasa. Après mes études, j'ai rédigé plusieurs lettres de demande d'emploi pour solliciter les offres, mais aucune n'a été satisfaisante. Alors j'ai mis en pratique le don que j'ai toujours exploité celui de la coiffure. J'ai obtenu un petit financement des parents pour monter mon établissement de coiffure. Peu de temps plus tard, mon salon de coiffure s'était élargi et j'ai même eu à en ouvrir deux autres. Mais, cela ne me convenait toujours pas. J'avais une seule idée, c'est partir pour l'Europe coûte que coûte. Mes correspondants hommes comme femmes qui y séjournaient déjà et qui y sont toujours d'ailleurs me disaient de venir, car tout est bien en Europe et avec mon business, je ne manquerai pas de faire fortune et de vivre comme eux dans des meilleures conditions. M'imaginer vivre en occident aspergeait un parfum de bonne odeur à mes pensées. J'ai pris la décision de les rejoindre, refaire ma vie et gagner énormément mieux que les trois salons de coiffure que je possédais déjà à Kinshasa. Après deux tentatives échouées pour l'obtention de visa à Kinshasa, j'ai décidé de tout vendre pour tenter l'expérience en Angola. C'est là où j'ai obtenu un passeport de ressemblance pour entrer en Suisse et puis gagner Paris. Aujourd'hui, je le dis en toute honnêteté, je suis à Paris, j'ai vu ce que mes yeux n'ont jamais vu depuis que je suis née : une ville très propre et bien urbanisée si cela seulement pouvait faire mon bonheur. Mais, la vie est tellement difficile d'autant plus que je n'ai pas de papiers. Je me réveille avec des larmes en pensant à la vie que j'avais chez moi au pays, je l'ai perdue parce que j'avais cru au rêve qu'on m'avait vendu. Et, depuis que je suis en France, aucun de mes correspondants ne s'est fait voir. On m'a dit que la réalité est qu'ils ne veulent pas que je voie où ils vivent réellement, car le rêve vendu est trop grand pour être assumé. Parfois, endurant le regard nonchalant de ma tante, car je constitue une charge qu'elle ne devait plus supporter encore longtemps. Je ne sais pas à quel saint me vouer. On me propose des corvées que je n'aurai jamais faites à Kinshasa, juste pour gagner quelques euros en vue de contribuer à certaines charges. Je ne conseillerai à personne de venir dans ce pays pour se chercher si la personne gagne un tant soit peu sa vie au bled. L'Europe c'est difficile, même beaucoup trop. Je ne peux plus faire demi-tour, je suis arrivée là où tout le monde en Afrique pense que c'est l'eldorado, retourner en Afrique n'est pas une option de peur d'être traitée de tous les mots. »*

Josmy est un cas parmi tant d'autres, victime d'un rêve vendu à vil prix. Nous devons dire la vérité à nos frères et sœurs restés en Afrique qui sont animés d'un fervent désir d'atteindre l'Europe, peu importe les moyens. Nous ne pouvons jamais empêcher quelqu'un de vouloir voyager, mais nous avons la responsabilité de l'informer des réalités, qui sont parfois plus fâcheuses que celles dans lesquelles il se trouve déjà. Le cœur saigne chaque semaine en voyant des vies s'éteindre à cause d'un rêve soldé à bas prix. Combien de morts devons-nous compter pour qu'enfin nous sensibilisions nos frères et sœurs à ne pas commettre cette erreur de débourser autant d'argent pour être stupéfaits par une désillusion totale.

CASSONS LE MYTHE... DISONS LA VÉRITÉ.

À vous qui êtes encore en Afrique déboursant des sommes importantes pour gagner l'occident, vous devez savoir une vérité, celle qui a toujours été camouflée depuis. L'Europe ou carrément l'occident n'est pas facile. Ce n'est pas la terre promise. Ni le lait, encore moins le miel n'y ruissellent sur les rivières. La manne ne tombe pas du ciel. La vie est très dure. Et, les conditions deviennent de plus en plus déplorables. L'Afrique n'est pas l'enfer et l'occident n'est pas non plus le paradis, détrompons-nous, cassons ce mythe une fois pour toutes. On comprend bien que l'idée de voir un occident très industrialisé et très développé renforce encore ce mythe entretenu depuis la colonisation, d'un occident peint comme un paradis. Ainsi, le postulat, selon lequel on finit toujours par réussir en occident, demeure le seul leitmotiv de l'Africain. Une infime minorité, évidemment, s'en sort avec énormément de difficultés, mais ce n'est guère le cas pour 75% d'immigrés. Le taux de chômage qui est en perpétuelle hausse, désavantage les immigrés. Le pire dans toutes ces réalités, c'est de voir même ceux qui ont émigré légalement pour raison d'études ou de santé ou encore de tourisme d'affaires, embrasser la même vie qu'un émigré clandestin. Sans domicile, certains se vautrent dans les rues, car ne sachant où dormir sous des conditions météorologiques parfois extrêmes. Les plus chanceux obtiennent des petits boulots pour maintenir un certain équilibre précaire.

Combien en Afrique se posent la question de savoir qu'est-ce que font les immigrés en Europe, surtout ceux en situation irrégulière pour envoyer ne serait-ce que quelques billets de banque à la famille. Un seul verbe pend sur les lèvres « se débrouiller », voilà certains qui parlent de « cailloux » pour dire petits jobs qui rapportent quelque chose. Ce style de vie inconfortable confronté à la réalité ne décourage pas la plupart des clandestins qui espèrent gagner très vite leur vie, car l'Afrique attend les retombées. Emprisonnés dans une spirale infernale, la vérité n'est pas à étaler en Afrique. Prendre des selfies dans les endroits historiques, sourire au milieu des repas appétissants dans des restaurants huppés ou des chaînes de restauration rapide, bomber son torse dans un magasin de vêtements, voilà ce qui est vendu à vil prix et à qui veut acheter. On refuse d'assumer la réalité et on perpétue le mythe, car vivre en Europe n'est pas seulement question de pain, mais aussi de prestige. Même sans travail, vaut mieux y rester que de retourner en Afrique et être la risée de la société. Ce dilemme est très dur, parfois, on comprend qu'après tant d'efforts pour y arriver, les sacrifices consentis, le retour est prohibé tant qu'on sait déjà ce qui nous attend. On tombe dans ce semblant de luxe, qui ne nous appartient pas, on refuse parfois d'accepter l'échec, et on se contente de maquiller une réussite axée sur l'apparence et le trompe-l'œil.

Rien n'est gagné d'avance, hormis tous les faits susmentionnés, le clandestin devra vivre avec des pesanteurs psychologiques et sociales liées aux clichés que nombre d'occidentaux possèdent sur l'Afrique. Le sida, les guerres civiles, les maladies chroniques et épidémiques, l'inceste, la barbarie, l'ignorance, ce prisme des désastres, qui définit l'Afrique. Tout Africain doit endurer, de ce fait, tous les propos condescendants à longueur de journée : insulte, maltraitance, injustice, mais pas question de retourner en Afrique comme on te le fait savoir. On n'y reste pas seulement pour nous-mêmes, mais pour toute la famille, qui te présente comme un trophée dans la société africaine.

Tout ce qui est détaillé, personne n'a le culot de vous le dire très franchement, même les proches familles. Un jour, un immigré ivoirien m'a dit : *« l'occident c'est comme le secret de l'au-delà. Les gens qui ne sont pas morts ne savent pas ce qui se passe là-bas, et ceux qui sont morts sont les seuls à en détenir le secret, mais ne peuvent en aucun cas le divulguer à ceux qui sont restés de l'autre côté, donc à ceux qui ne sont pas encore morts. Tu veux connaître le secret de l'occident, viens toi-même, car une solidarité entre les diasporas s'est développée* naturellement pour se protéger mutuellement, en vue de garder toujours l'image de la réussite et non de l'échec ». Il en a rajouté en disant que « parfois les gens en Afrique ne comprennent rien des réalités sur le terrain. Vous leur envoyez cent euros, ils disent que c'est insignifiant. Tous les problèmes de la famille convergent vers toi qui devras désormais décanter les situations. Certains Africains en occident sont passés en mode furtif, ils ne prennent plus d'appels venant de l'Afrique, car ils n'ont rien et ne savent pas comment l'expliquer à leur famille. Pendant ce temps d'autres économisent des années pour s'offrir des vacances de rêve en Afrique dans le seul but cimenter encore cet imaginaire collectif "là-bas on finit toujours par réussir". Nos frères Africains ignorent, comment il a pu obtenir tous ces vêtements qu'ils distribuent, comment il a dû se serrer la ceinture pour obtenir un billet aller-retour. Il est temps qu'on dise à nos frères et sœurs qui sont encore dans cet imaginaire la vérité. On n'interdit à personne de venir, mais la vérité doit triompher pour que la désolation ne soit pas si profonde, mais surtout pour dissuader certains de venir, de trouver une activité pour faire de l'argent qu'ils veulent dépenser dans l'émigration et ne pas regretter comme la plupart l'ont fait. »

LA RESPONSABILITÉ OCCIDENTALE

Il y a un adage actuellement qui dit : « *qui sème le néocolonialisme, récolte l'immigration* ».

Les occidentaux doivent assumer une grande partie de cette responsabilité. Ils ont dépouillé l'Afrique et continuent de le faire jusqu'à ce jour. Après l'indépendance, certains colons ont placé à la tête des pays africains des personnes véreuses, qui obstruent l'émancipation des nations africaines. Ces personnes « *pseudo-présidents* » ne sont là que pour servir les intérêts de leurs maîtres et se servir elles-mêmes. Ceux qui étaient contre eux sont assassinés de façon tragique, et le mystère de leurs morts, enfoui dans les annales secrètes. L'occident a été bien souvent le porte-flingue des guerres postcoloniales préméditées, mais également l'instigateur des conflits interethniques, qui se sont soldés par des génocides et épurations ethniques.

Les occidentaux se substituent au droit le plus légitime des populations africaines. Celui de se choisir librement et démocratiquement leurs leaders politiques censés faire rentrer l'Afrique dans son émergence. L'occident ayant une main mise étouffante en Afrique, ne laisse aucun choix aux populations de prendre leur courage en mains et de traverser le désert et la méditerranée avec tous les risques, dans des conditions très précaires. Tant que l'occident ne fichera pas la paix à l'Afrique, il se verra inondé par les marées d'immigrés. Ces Africains ne cesseront de braver la mort pour atteindre les côtes européennes. Les voix s'élèvent pour dénoncer cela, des panafricanistes ne cessent d'être torturés et maltraités à cause des dénonciations du néocolonialisme.

Entre pays occidentaux, des bras de fer qui se muent en vraie crise diplomatique suite au problème d'immigration. Le 7 février 2019, pour la première fois depuis la Deuxième Guerre mondiale, la France a rappelé son ambassadeur en Italie pour des consultations après une série des déclarations considérées comme outrancières et d'attaques non fondées des responsables politiques italiennes. Des marqueurs d'un contentement fort. Au centre de cette crise, la question migratoire et le néocolonialisme. Luigi Di MAIO, alors leader du Mouvement 5 Etoiles (antisystème) et Matteo SALVINI chef de file de la Ligue (extrême droite), tous deux Vices-Premiers ministres en Italie, ont fustigé la France et Emmanuel Macron. Cette crise s'est vue naître dans l'affaire Aquarius, ce navire transportant des migrants que l'Italie avait refusé d'accueillir. Emmanuel Macron lançait ainsi les hostilités, qualifiant cet acte de « cynisme et irresponsable » de la part du gouvernement transalpin. Les réponses musclées venues d'Italie n'ont pas tardé à crisper la situation déjà tendue. Luigi Di MAIO rétorqua pour faire comprendre à la France qu'elle est en grande partie responsable des flux migratoires en provenance d'Afrique. « ... *il faut aborder les causes. Si aujourd'hui, nous avons les personnes qui partent de l'Afrique, c'est parce que certains pays européens, avec la France en tête, n'ont jamais cessé de coloniser l'Afrique* ». La France continue de s'enrichir en appauvrissant l'Afrique grâce au franc CFA qui est une monnaie utilisée dans 14 pays africains. Il ajoute en disant « ... *que c'est avec cette monnaie que l'on finance la dette publique française. Si la France n'avait pas ses colonies, car c'est comme cela que ces États doivent être appelés, des colonies africaines qu'elle continue d'appauvrir, elle serait la 15ème force économique du monde.* » Un député de son parti a même déchiré un billet de franc CFA à la télévision pour inciter à une révolte africaine contre cette monnaie.

Tous ces partis extrémistes, qui prennent le devant de la scène politique européenne disent en avoir marre de l'immigration, mais renoncent à s'activer pour y remédier de la façon la plus efficace possible. Résoudre ce problème n'est plus l'apanage d'un ou deux pays européens, mais plutôt de toute l'Europe réunie afin d'adopter une politique durable.

Il faudrait que les populations occidentales soutiennent la campagne contre le néocolonialisme, si elles ne veulent pas voir leurs modes de vie dégringoler à cause de ces arrivées massives qui n'en sont pas à leur fin. Elles doivent savoir que le luxe dans lequel elles vivent a un prix. Et ce prix, c'est le sang des Africains qui ont été victimes du colonialisme et qui souffrent du néocolonialisme. La plupart des pays européens sont pauvres en ressources naturelles, en matières premières. Les Européens doivent l'admettre que sans la surexploitation de l'Afrique certains pays ne seraient même pas classés comme puissances mondiales. La rigueur exacerbée des frontières européennes pour barrer la route aux immigrés n'est donc pas une solution durable au phénomène clandestinité. Même si l'Europe arrive à barricader par une grande muraille ses 10 392855 Km^2, il y aura toujours une brèche que les obstinés ouvriront pour entrer, quel qu'en soit le prix, dans son territoire. L'Europe doit définir une nouvelle politique vis-à-vis de l'Afrique et mettre fin au paternalisme renforcé par le capitalisme à outrance. L'interpellation, le refus d'octroi des papiers, le refoulement brutal, le mauvais traitement, les insultes, les représailles, l'abandon dans la mer, pour prétendre à un outil dissuasif n'arrêteront pas le flux migratoire en Europe, qui tend à la saturation, mais aussi à un sombre avenir.

L'ironie du sort est que ces immigrés ou demandeurs d'asile jusqu'à présent ne constituent pas un frein à l'économie européenne. Par contre, ils ont un impact positif sur l'économie d'après trois économistes du Centre National de la Recherche Scientifique dont les travaux ont été publiés le 20 juin 2018 dans la revue *Sciences Advances* « *macroeconomic evidence suggests that asylum seekers are not a « burden » for western european countries* ». Les auteurs Hippolyte d'Albis, Ekrame Boubtamne et Dramane Coulibaly ont appliqué aux flux migratoires des réfugiés, les méthodes empiriques appliquées pour mesurer l'impact macro-économique des politiques structurelles. Ces données statistiques, qui permettent de mesurer l'effet de ces flux sur les finances publiques, le PIB par habitant et le taux de chômage dans 15 pays européens depuis 1985 jusqu'en 2015. Ainsi, durant 30 ans, les données statistiques font apparaître que les dépenses publiques causées par ces demandeurs d'asile sont plus que compensées par les gains économiques induits par ces mêmes demandeurs. Les auteurs de l'article scientifique démontrent noir sur blanc que les chocs d'immigration qu'a connus l'Europe, dont le pic a été atteint en 2015 (appelés crise des réfugiés, ces chocs), ont eu un effet positif, car augmentant le PIB par habitant, réduisant le taux de chômage, et améliorant les finances publiques. Il est évident que les gouvernements européens induisent des dépenses publiques supplémentaires pour les accueillir, les accompagner ou les soigner, il est cependant utile de souligner que ces demandeurs d'asile ou immigrés rapportent en revenus supplémentaires, notamment fiscaux, compensant largement les coûts engagés par les pays d'accueil.

D'autres études, qui vont dans le même sens, font remarquer que plus les états investissent tôt dans l'accueil, la formation et l'accompagnement des réfugiés, meilleure sera leur intégration et leur bénéfice économique final. En conclusion, l'Europe ne manifeste pas la bonne foi, car elle peut accueillir tous ces demandeurs d'asile d'autant plus que leur flux semble être très limité, comparé par exemple aux afflux de populations réfugiées qu'ont à supporter des pays comme la Jordanie ou le Liban.

Cette étude doit nous interpeller, une fois de plus, l'occident, dont nous avons toujours rêvé, ne veut pas de notre présence sur son sol. Des plans machiavéliques sont conspirés pour nous dissuader de voyager ou d'y rester. Ça ne finira jamais ces lassants contrôles de faciès, juste parce qu'on est noir, ces insultes odieuses dans la place publique qui disent clairement « *rentrez chez vous sales nègres* », des injustices et bévues policières... On ne cessera de dénoncer, mais pour quel but au final ? Prenons notre destin en mains, travaillons pour rendre notre Afrique plus forte et renvoyer l'ascenseur. Une nation qui est pauvre n'a aucun pouvoir, c'est celle qui est riche, qui détient le plein pouvoir. Faisons-nous respecter. L'Afrique n'est pas épuisée, elle continue à regorger d'immenses potentialités et richesses. Pendant que nous perdions notre temps à essuyer les insultes en Europe ou à chercher à traverser la route de la mort pour atteindre l'eldorado, nos richesses continuent à faire la pluie et le bon temps des occidentaux au moment où, nous, les vrais bénéficiaires mourons parfois de faim et d'épidémies dévastatrices causées par le sous-développement et la vie dans des conditions très précaires. L'Afrique a besoin de vivre de ses richesses, de partenariats gagnant-gagnant, et non des complots ourdis, montés contre elle pour l'empêcher de prendre l'élan de l'émergence.

L'Africain ne doit surtout pas croire, qu'il ne lui **incombe aucune** responsabilité compte tenu du malheur, qui s'abat sur lui. Il a la lourde responsabilité de protéger ses terres, plutôt que de les brader. Il doit défendre ses cultures, et chercher à les perpétuer, car il s'agit là d'une richesse inestimable et d'un pouvoir incommensurable. L'Africain a le devoir de bâtir une Afrique digne, respectable et vivable, comme d'autres peuples l'ont fait en imposant un leadership de développement. Unis, dans la paix, et le sens du devoir pour défendre une seule cause, la vraie indépendance de l'Afrique, les Africains trouveront gain de cause.

DEUXIÈME PARTIE

RÉUSSIR EN AFRIQUE

CHAPITRE 4 : L'ÉVEIL DE NOTRE CONSCIENCE

SE RÉAPPROPRIER L'HISTOIRE ET RECTIFIER LE TIR

« Le hasard n'a jamais encore satisfait les espoirs d'un peuple qui souffre. Un peuple qui ne connaît pas son passé, ses origines et sa culture ressemble à un arbre sans racines. Si tu n'as aucune foi en toi-même, tu es doublement vaincu dans la course de la vie. »
Marcus GARVEY.

Il n'y allait pas avec le dos de la cuillère Marcus GARVEY, ce précurseur du panafricanisme, pour prêcher aux noirs de retrouver leur identité afin de s'émanciper. Ce géant militant afrodescendant du 20ème siècle considéré comme prophète par certains adeptes, d'où le surnom de *« The Black Moses »*, il est le promoteur obstiné du retour des descendants des esclaves noirs vers l'Afrique connu sous le nom de « Back to Africa ».

Dans son livre intitulé *« Philosophy and opinions of Marcus GARVEY »,* il explique l'importance de l'histoire dans la survie d'une race. Il dit que l'histoire est le point de repère par lequel nous nous orientons vers la vraie course de la vie. L'histoire de mouvements, l'histoire de nations, l'histoire de races est un guide pour la destinée de ces mouvements, la destinée de ces nations, la destinée de ces races.

L'éveil de la conscience africaine doit être un déclic collectif, qui découlera d'une prise de conscience indéfectible, suite à la connaissance de l'histoire africaine. Nous devons connaître la vraie histoire de l'Afrique, et non celle écrite par les Occidentaux, incluse dans nos programmes éducatifs. La maitrise parfaite des faits historiques placera l'Africain au centre de son développement personnel psychologique. Le Noir ne peut rien espérer, tant qu'il n'est pas maître de son histoire. L'histoire d'un peuple ne peut en aucun cas être écrite et racontée par des tiers. L'histoire d'un peuple est un souvenir lointain, qui contrôle les axes de son avenir. Ne pas maîtriser son histoire, c'est naviguer sans boussole dans une embarcation de fortune dans les eaux troublées des océans. Dans ce cas précis, l'espoir reste le seul mot du vocabulaire quoique nous le savons tous, l'espoir n'a jamais été le compagnon fidèle de l'être humain.

L'Africain doit prendre en charge son histoire, la posséder. C'est dans l'histoire qu'on déniche les erreurs du passé. C'est dans l'histoire que le flou identitaire sera balayé et le vide de la mémoire emménagé. Il est inadmissible que l'Africain continue à être la risée du monde. À ce jour où les découvertes scientifiques n'arrêtent pas de fournir des preuves irréfutables que l'Afrique est le berceau de l'Humanité et le centre d'intérêt mondial depuis toujours.

J'estime que le début de toute émancipation d'un peuple commence par la connaissance et la maîtrise de son passé. Les Chinois, les Indiens, les Japonais, les Brésiliens, les Russes aujourd'hui se sont réapproprié leurs histoires. Ils ont relevé la crise identitaire. Ils ont rectifié le tir en interrogeant leur Histoire, car c'est de là que provient la lumière à les tous questionnements. L'Africain se trouve marginalisé, car ignorant son histoire. Il ne sait pas se défendre face aux attaques récurrentes, dont il est victime en Occident comme chez lui. Il encaisse les coups, car hochant la tête à ce qu'on lui raconte sur son passé de façon à demeurer aliéné et conditionné pour être inférieur et asservi. Réapproprions-nous notre histoire, vulgarisons-la, éduquons nos enfants en leur inculquant dès le bas âge, les grands énoncés de l'histoire africaine, préparons-nous à combattre de la façon la plus violente l'aliénation psychologique qui se traduit par la perte identitaire, c'est le seul chemin pour sortir de ce piège, imaginé et conçu pour le résultat qu'on ne peut plus ignorer.

SORTIR DE LA CRISE IDENTITAIRE

« Une race sans aucune autorité et sans aucun pouvoir est une race qui ne se respecte pas. Une race qui ne se respecte pas renonce automatiquement au respect des autres. » Marcus GARVEY

Cela fait des siècles que l'Africain est forcé à vivre sur le fil du rasoir, car ayant été dépourvu de son identité. L'œuvre coloniale accuse encore des conséquences troublantes dans nos sociétés. L'Africain, c'est le seul peuple qui s'évertue dans le plagiat d'identités, se perdant lui-même dans le désarroi total qui le jette dans l'opprobre. Se posant plusieurs fois la question : à qui dois-je ressembler, pour me faire respecter ? L'Africain pense encore que son respect dépend de son habileté à copier l'autre. S'identifier en tant que l'autre afin de trouver sa place dans l'arène royale. Il est grand temps que cette fourberie s'estompe définitivement. Quel est ce peuple qui a plagié l'autre dans son identité pour exister ? Ces séquelles postcoloniales doivent être extirpées de la mentalité africaine. Il est évident qu'en Afrique postcoloniale, la ségrégation est encore vive. L'homme blanc et l'homme noir constituent au fait deux catégories raciales, dont la portée sociale se marie avec l'image symbolique. Je serai toujours tenté de dire que l'homme blanc incarne encore l'humiliation subie lors de la colonisation, la défaite, le pouvoir et voire même l'animosité de l'esclavage. Lors des discours paternalistes des indépendances, l'homme blanc a raté encore là l'occasion de se confesser, au contraire il a raté le coche en affirmant à l'homme noir que l'indépendance était un cadeau qu'il lui offrait. Il a saboté, il a dénigré les combats des précurseurs des indépendances africaines, pour clore le tout, il murmura

« pour une fois, nous verrons ce que vous êtes capables de faire sans nous ». Un dé truqué d'avance à leur avantage, car il tire toujours les ficelles jusqu'à nos jours. Heureusement, qu'il y a eu des gens, en nombre minime, qui ont su rappeler aux autorités coloniales, que les indépendances n'étaient guère des cadeaux qu'ils offraient, mais plutôt des victoires arrachées au prix de sacrifices ultimes, pour qu'enfin l'homme noir soit reconnu comme un être humain, libre à jamais.

Ci-dessous quelques extraits du discours de l'un des pères de l'indépendance congolaise Patrice Emery LUMUMBA. Discours improvisé, qui demeure encore controversé par certains. Ce discours, non filtré, dévoile certaines vérités de l'époque coloniale, dont les stigmates persistent encore de nos jours.

Extraits du discours du Premier ministre du Congo, Patrice Emery Lumumba. Le 30.06.1960

« Congolais et Congolaises, Combattants de l'indépendance aujourd'hui victorieux, je vous salue au nom du gouvernement congolais. À vous tous, mes amis qui avez lutté sans relâche à nos côtés, je vous demande de faire de ce trente juin 1960 une date illustre que vous garderez ineffaçablement gravée dans vos cœurs, une date dont vous enseignerez avec fierté la signification à vos enfants, pour que ceux-ci à leur tour fassent connaître à leurs fils et à leurs petits-fils l'histoire glorieuse de notre lutte pour la liberté. Car

cette indépendance du Congo, si elle est proclamée aujourd'hui dans l'entente avec la Belgique, pays ami avec qui nous traitons d'égal à égal, nul Congolais digne de ce nom ne pourra jamais oublier cependant que c'est par la lutte qu'elle a été conquise, une lutte de tous les jours, une lutte ardente et idéaliste, une lutte dans laquelle nous n'avons ménagé ni nos forces, ni nos privations, ni nos souffrances, ni notre sang.

… Nous avons connu que nos terres furent spoliées au nom de textes prétendument légaux qui ne faisaient que reconnaître le droit du plus fort. Nous avons connu que la loi n'était jamais la même selon qu'il s'agissait d'un blanc ou d'un noir : accommodante pour les uns, cruelle et inhumaine pour les autres. Nous avons connu les souffrances atroces des relégués pour opinions politiques ou croyances religieuses ; exilés dans leur propre patrie, leur sort était vraiment pire que la mort même.

… La République du Congo a été proclamée et notre cher pays est maintenant entre les mains de ses propres enfants. Ensemble, mes frères, mes sœurs, nous allons commencer une nouvelle lutte, une lutte sublime qui va mener notre pays à la paix, à la prospérité et à la grandeur.

… Hommages aux combattants de la liberté nationale ! Vive l'Indépendance et l'unité africaine ! Vive le Congo indépendant et souverain. »

Patrice E. Lumumba.

Ce discours devrait être comme un symbole de l'éveil de la conscience, il faut le lire et le méditer, afin de prêter serment de ne jamais trahir l'Afrique. Il retrace en quelques paragraphes l'histoire macabre de l'esclavage, de la colonisation, mais augure un bel avenir, arc-en-ciel pour l'Afrique, en responsabilisant l'Africain pour prendre définitivement son destin en mains, et prouver à la face du monde, qu'il peut mieux faire en étant indépendant. Cela restera utopique, car quelques occidentaux tireront toujours leur épingle du jeu pour affaiblir les nations africaines, et en profiter par le truchement de certains dirigeants africains malhonnêtes, avide d'argent et de pouvoir.

Je peux me permettre de dire que l'Africain n'est toujours pas guéri de sa crise identitaire le poussant à adopter des attitudes très souvent revanchardes, qui se traduisent comme étant des sentiments patriotiques, dont certains dirigeants en manque de politique efficace et de popularité se dotent. On l'a observé avec Robert Mugabe qui maquilla la crise zimbabwéenne sur la réforme agraire en affrontement racial entre capitalistes blancs et prolétaires noirs. Joseph Désiré Mobutu qui jeta son pays, l'ex-Zaïre, en pâture en incitant à la haine aux blancs qui conduisit aux pillages des entreprises privées des blancs et en confisquant – nationalisant – d'autres, les remettant aux mains de ses frères qui parfois brillaient par une incompétence notoire. Les résultats néfastes ne sont pas faits attendre. Les exemples sont légion pour illustrer ces comportements peu responsables de certains dirigeants africains.

Les populations africaines, très souvent hostiles à la présence militaire occidentale, ressentant encore les humiliations de la colonisation, et le fait de les voir, ravive des souvenirs qu'on aimerait enterrer à jamais. L'ironie dans tout cela est que la haine qui devait normalement être transformée en hargne de travail, se heurte à elle-même et depuis, l'imaginaire collectif se renforce, car l'Afrique continue à être ce retardataire, ce continent sous-développé par apport à l'Europe, l'Amérique ou encore l'Asie. Les puissances économiques, technologiques influencent l'identité africaine. L'Africain continue à vouloir copier l'occidental ou même l'oriental. Il veut paraître comme lui. L'Afrique est inondée par le biais des médias des cultures occidentales. Les chaines locales, ne proposant pas des programmes accrocheurs, sont elles-mêmes en parfait déphasage, diffusant à longueur de journée des programmes promouvant la culture occidentale et orientale. Le réceptif est tellement puissant que sans nous en apercevoir nous mimons tout de l'occident et de l'orient, et nous banalisons notre propre culture, allant plus loin à traiter ceux qui les défendent d'être ringards et sous-développés. Dans les marchés africains, les places commerciales, sont remplis des vêtements du style occidental. Les supermarchés sont les endroits réservés à l'alimentation occidentale. La musique locale authentique est parfois négligée pour celle programmée et jouée comme la leur. On entendra un musicien africain parler avec beaucoup d'admiration et d'estime du prix qu'il a eu à gagner en occident dans la catégorie musique africaine et ce même musicien négliger le titre que leurs frères leur octroient. Les parents africains fournissent un effort énorme afin que leurs enfants parlent mieux les langues étrangères au détriment des langues propres à l'Afrique. Un Chinois parlera à priori mandarin avant de te parler anglais ou français. On estime être dans la catégorie des évolués lorsqu'on parle que les langues étrangères, lorsqu'on s'habille et mange comme eux. À l'école, quelques heures suffisent pour apprendre les traditions et les langues africaines, pire encore juste au niveau de l'école primaire. Et, aujourd'hui, cela n'existe même plus dans plusieurs établissements scolaires africains. On passe le clair de notre formation à maitriser parfaitement la culture, la langue, les traditions occidentales pendant qu'on néglige les nôtres. Tout a été savamment pensé pour conditionner l'homme noir à perdre son identité, à ne plus s'accepter en tant qu'être, à rejeter sa culture, à imaginer sa réussite suivant le modèle occidental. Lorsqu'on scrute nos programmes scolaires, on s'en rend compte bien vite.

Rien n'est plus beau que lorsqu'on ressemble à l'occidental moderne. La femme noire africaine ou afrodescendante a perdu ce qui la faisait distinguer auparavant. Des faux cheveux aux faux cils, en passant par le blanchissement de la peau, une conséquence directe de l'emprise médiatique des mœurs occidentales relayées sans relâche dans nos petits écrans. À force de vouloir leur ressembler, on s'humilie de plus en plus, ceux qui se moquent de ce genre de comportement sont les mêmes qui se font de l'argent sur notre dos en vendant ces produits, les mêmes qui ne se retiennent pas en larguant des insultes sur ce mimétisme qu'ils nous vendent.

On ne résout pas une crise identitaire en faisant du copier-coller.

C'est une désolation cette constatation. L'Africain s'essaie dans le jeu du développement, de l'émancipation, tout en confrontant les deux perceptions. Le blanc comme l'image du pouvoir, de la domination ou de la puissance et le blanc comme modèle de réussite. Mes chères sœurs, mes chers frères, arrêtons de vivre dans un passé qui hante nos souvenirs et nous empêche d'appréhender l'avenir consciencieusement. On ne nous acceptera pas comme homme digne si nous ne nous considérons comme tels. Il est plus que temps de prendre notre destin en mains, en brandissant notre passé sombre, non pas pour espérer la pitié du monde, mais pour qu'il nous serve de rétroviseur dans le but amorcer notre combat pour vaincre l'occupation par la reconnaissance culturelle, le sens du devoir patriotique et l'engagement citoyen. L'homme étant le centre de tout développement, développons l'homme dans son intégralité pour que cet homme défende les valeurs et les richesses africaines dans leur ensemble. **Aucun peuple ne peut se prévaloir être au-dessus d'un autre, seul celui qui ne reconnait pas son identité se place en dessous de l'autre qui, lui honore la sienne.** L'Afrique peut s'inspirer d'un modèle pour son émergence et cela peut être salutaire, mais mimer l'Occident ou l'Orient, ne saurait être un autre nom du développement pour l'Afrique ; c'est plutôt une ambition étouffante, voire suicidaire.

CHAPITRE 5 : LES DIX PRINCIPAUX SECTEURS PORTEURS DE L'ÉCONOMIE AFRICAINE

OSER ET INVESTIR EN AFRIQUE

La célèbre écrivaine Fatou DIOME dans l'émission de télé française « ce soir ou jamais » disait : *« quelqu'un qui part et qui envisage l'éventualité d'un échec, celui-là peut trouver le péril absurde et donc l'éviter, mais quelqu'un qui part pour la survie, considère que la vie qu'il a à perdre ne vaut rien, celui-là sa force est inouïe, il n'a pas peur de la mort »*. C'est la motivation première de la plupart des immigrés, cela est vrai. Chacun de nous jouit de la liberté de faire ce qu'il veut de sa vie. Mon cri d'alarme dans ce livre, c'est de nous prévenir avant de nous lancer dans cette aventure tout en ignorant les réalités, qui nous attendent, qui plus est, frustreront davantage nos aspirations. Mais nous devons également nous persuader de revenir investir en Afrique avant qu'il ne soit tôt tard. C'est dans ce registre que je donne les raisons pour ne pas émigrer clandestinement au risque, non seulement de perdre la vie, mais aussi d'être psychologiquement affaibli par le côtoiement du vécu européen, alors qu'on peut limiter les dégâts. Les raisons peuvent être diverses pour tenter ce périple de la mort, mais trouvez cependant la principale motivation de rester ou de regagner la terre de ses ancêtres pour investir et faire prospérer le continent africain, dans les lignes qui vont suivre.

Je pars du postulat selon lequel chacun de nous peut réussir dans n'importe quel endroit de ce monde. Un Togolais peut gagner sa vie en Italie comme un Japonais peut s'épanouir en Guinée. C'est l'ère de la mondialisation. Mais, pensons pour une fois Afrique. Mon indignation est liée au fait qu'on ne devrait pas s'exposer à la mort parce que notre imaginaire collectif nous renvoie l'information d'une vie toute en rose en occident, toute en facilité. La vie est dure partout, dans certains endroits encore plus. Le secret de l'épanouissement qui conduit au succès demeure et demeurera toujours dans le travail. Dissuader ceux qui veulent dépenser des sommes combien importantes pour faire ce voyage, alors qu'ils peuvent non seulement être informés sur les réalités qui les attendent en Europe, mais aussi se renseigner sur les potentielles activités lucratives qu'ils peuvent entamer en Afrique pour bâtir un empire de richesses, démystifier l'Europe en y séjournant légalement en tant que touriste, oui c'est possible.

Pourquoi continuer d'enrichir l'occident alors qu'on peut enrichir l'Afrique ? Dans les paragraphes suivants, j'essaie de classifier les secteurs d'investissements prometteurs en Afrique. Petite ou moyenne bourse, vous pouvez cependant être maître de votre destin et bâtir un avenir radieux en Afrique. S'inspirer du modèle de réussite africain pour se motiver, briser la glace de la peur et oser. J'ai également sélectionné, après une étude détaillée, pour les futurs entrepreneurs africains dix secteurs porteurs en Afrique afin de faire carburer notre mental pour voir différemment les choses en vue de casser définitivement le mythe de l'eldorado. À ceux ou celles qui croient encore en l'Afrique, ceux ou celles qui ne limitent pas leur vie au semblant de luxe, qui ne leur appartiendra jamais, ceux ou celles qui n'ont pas peur de se salir pour obtenir le trésor, trouver dans la suite de ce livre, pourquoi au lieu de vivre moyennement ou carrément misérablement en Europe après tant d'efforts consentis et l'argent dépensé, ne pas vivre librement et à l'abri du souci financier en Afrique en investissant dans un secteur lucratif.

COUP D'ŒIL SUR LES CHIFFRES

Le dernier rapport Afrique Wealth par New World Wealth révèle qu'il y a un peu plus de 160.000 millionnaires en Afrique. Le nombre des millionnaires a augmenté de 145% entre 2000 et 2014. Sans oublier les 30 milliardaires africains publiés par le magazine Forbes. Ces chiffres viennent appuyer notre thèse que l'Afrique est le nouveau fabricant de millionnaires, car au cours des dernières années, les nouveaux riches ont été des jeunes entrepreneurs et des investisseurs, qui ont créé des entreprises prometteuses et qui ont investi dans des secteurs lucratifs des économies à croissance rapide de l'Afrique.

Eh oui !!! L'Afrique est très riche sous toutes les formes. Les opportunités en affaires sont tellement nombreuses qu'elle attise encore l'appétit des étrangers. Pendant que nous, Africains, fuyons, eux, ils viennent pour tirer profit.

« À moyen terme, ignorer l'Afrique est à vos risques et périls. » conseil de Christo WIESE, PDG de l'enseigne de grande distribution sud-africaine SHOPRITE.

Avant de citer les secteurs prometteurs d'investissements, jetons un coup d'œil sur quelques analyses statistiques des experts de la banque mondiale sur la question du développement de l'Afrique. Dans un rapport détaillé publié en 2011 par la banque mondiale, intitulé « l'avenir de l'Afrique et le soutien de la banque mondiale », on mentionne quatre principales raisons pour croire pertinemment que l'Afrique subsaharienne (précédemment désignée « Afrique ») se trouve en 2011 à un tournant sans précédent qui pourrait la conduire à une transformation radicale et à une croissance durable. Ce rapport nous montre qu'avant que la crise économique mondiale n'éclate, la croissance du produit intérieur brut (PIB) avait atteint un taux annuel de 5% pendant 10 ans avec des pointes de plus de 6% entre 2006 et 2008. Cette croissance était en outre généralisée. Ainsi, quelques 22 exportateurs de produits non pétroliers, notamment plusieurs pays ayant connu des conflits comme le Mozambique, le Rwanda et l'Ouganda, ont affiché une croissance annuelle de 4% ou plus par an pendant la période de 1998-2008.

L'Afrique subsaharienne est devenue, depuis, un environnement favorable aux investissements. Malgré que les économies de certains pays restent très dépendantes des prix des matières premières, la croissance demeure la deuxième plus forte au monde après celle de l'Asie. Les économistes du monde entier en parlent chaque jour, seuls les Africains n'arrivent pas à bien le cerner. Les étrangers profitent de ces analyses pour faire du grand profit sous le nez des Africains. Par exemple, le cabinet Bearing Point avance que la part de l'Afrique dans les chiffres d'affaires des grandes entreprises françaises augmentera de 75% d'ici 2025. Ernst and Young souligne une croissance nette de plus de 7% des investissements directs étrangers en Afrique en 2015 dans son baromètre 2016 de l'attractivité de l'Afrique. Le taux de rendement des investissements en Afrique figure parmi les plus élevés au monde (Boston Consulting Group 2010 ; Collier et Warnholz 2009 ; Roxburgh et autres 2010). L'intérêt que portent ces étrangers est non seulement dû à la dépendance des ressources minérales et énergétiques, mais également à l'explosion de la démographie.

Notons que l'Afrique représente 16% de la population mondiale, et ce taux devrait croître et atteindre 25% en 2050 ce qui justifie les besoins de la région en investissements à long terme : infrastructure, énergie, agroalimentaire, éducation, transport, santé, communication… Des signaux forts et positifs comme :

- La consolidation d'une gouvernance régionale, suite à l'Organisation pour l'Harmonisation en Afrique du droit des affaires (OHADA en sigle) plus de 17 États membres garantissent ainsi des conditions d'investissement favorables pour les entreprises.

- L'attractivité de la fiscalité, plusieurs pays africains promulguent des lois pour accrocher plusieurs investisseurs nationaux ou internationaux. L'exemple du Kenya, du Rwanda, de la République Démocratique du Congo...

- La naissance quoique timide d'une certaine classe moyenne, qui accède au pouvoir d'achat augmenté et a des habitudes de consommation diversifiées. Selon la Banque africaine de développement, 34% de la population du continent appartient déjà à la classe moyenne, les projections pour 2060 la verront en hausse de 8%.

LES 10 SECTEURS PORTEURS

L'AGRO-BUSINESS

On ne cessera de le dire, le sol ne ment jamais. Investir dans l'agriculture ne nécessite pas seulement de grands budgets, des petites bourses peuvent faire l'affaire. L'agrobusiness est une mine d'or non encore exploitée en Afrique. Tenez-vous bien mes chers Africains, ce secteur est le premier nouveau fabricant de millionnaires. Avec plus de 60% de terres arables non encore exploitées, les sols fertiles, la main-d'œuvre très abondante et le soleil carrément toute l'année, l'Afrique est une aubaine pour l'agrobusiness et avec un peu de sérieux, le continent africain serait le plus grand fournisseur mondial des produits alimentaires. Pendant ce temps, l'Afrique importe 70% du blé consommé, 400.000 tonnes de poulets et plus de 10 milliards de dollars de céréales importées, principalement le riz. Quelle perte d'investissement ! Les terres et la main-d'œuvre constituent les facteurs primaires indispensables pour penser investir dans l'agrobusiness, chose dont l'Afrique ne manque guère. Plutôt de vouloir gaspiller 5.000 euros dans une course à la mort, il serait avantageux d'entamer un projet d'agriculture avec la moitié de cette somme, et s'attendre en moins de deux ans à des retombées plutôt juteuses. L'Afrique n'a pas encore atteint l'autosuffisance alimentaire, cela revient à dire que le marché reste encore très exploitable. Pour avoir un aperçu sur les pays à grand potentiel, le dernier rapport publié par « Land Matrix », classe les pays africains aux terres agricoles les plus attractives : l'Éthiopie, le Ghana, le Soudan du Sud, le Maroc et la RD Congo... Petites comme grosses bourses, ce domaine doit être une priorité afin de combattre l'insécurité alimentaire et la misère causée par le taux de chômage et également apporter une certaine indépendance alimentaire, loin de tous les fruits et légumes importés qui manquent d'une certaine fraîcheur.

Pour songer investir dans l'agrobusiness, il faudra d'emblée avoir le minimum d'informations sur l'activité, qui peut s'étaler de l'agriculture à la distribution en passant par la transformation le cas échéant. De nos jours, nous n'avons pas besoin de consulter un spécialiste lorsque notre budget est très limité. L'internet nous offre une panoplie des forums et réseaux sociaux spécialisés dans l'agrobusiness. Se former sur le web a aidé plusieurs petites et moyennes entreprises à se hisser au milieu des grands. Ce qu'il faut retenir, tout développement agricole dépend de la croissance simultanée de la production et de la productivité au niveau des exploitations ainsi que les filières qui leur sont liées. Ces filières englobent une multitude d'activités à petites et à grandes échelles, telles que la fourniture d'intrants agricoles, la transformation, le stockage, la distribution, la vente en gros, la vente en détail.

Des astuces pour investir dans l'agrobusiness :

a. S'informer et se former

Avant tout investissement, il faut avoir le maximum d'informations : ne surtout pas se précipiter. Ces informations permettront que vous entamiez, en toute sécurité et en connaissances des tenants et des aboutissants, le processus d'investissement. Vous pouvez vous informer chez les professionnels, des expérimentés du domaine ou encore lire les bouquins ou surfer sur internet. Tout dépend de votre fonds de démarrage. Qu'à cela ne tienne, exigez les conseils et orientations des professionnels ou des expérimentés si vous n'en êtes pas un.

b. Étudier le marché (business plan)

Tout domaine d'investissement requiert au préalable une certaine étude approfondie du marché pour minimiser les pertes et maximiser les gains. Ceci entre dans l'étude de la pré-faisabilité du projet. Quel est le bon endroit pour investir ? (*Rien ne vous oblige à rentrer dans votre propre pays pour investir ou d'y rester pour le faire. Choisissez un pays d'Afrique où la terre est propice pour votre domaine d'exploitation, un pays qui vous offre des garanties sécuritaires bien évidemment surtout, qui n'est pas hostile aux étrangers).* Quels voulez-vous produire ? Quelle garantie pour les intrants agricoles (énergie, engrais, matériels, main d'œuvre) ? Quel marché visé ? La consommation locale ou produits d'exportation ? Les coûts liés à l'exploitation, la production et la distribution ? Quelle qualité pour la main-d'œuvre locale ? Quelles sont les techniques d'irrigation des zones à proximité des rivières comme celles éloignées ? Existe-t-il des routes d'évacuation des produits depuis la zone de production à la zone de consommation ou de stockage ? Quelle stratégie commerciale adoptées pour liquider la marchandise chez les grossistes, les détaillants ou dans les grands centres commerciaux ? Quelles sont toutes les taxes liées à ce domaine de l'amont en aval ? Répondre à toutes ces questions garantit une réussite à la hauteur de 75%.

c. Réinjecter les bénéfices pour augmenter la production et se diversifier

Lorsqu'on débute faiblement ou moyennement un investissement, le plus important c'est d'accroître son capital en augmentant son chiffre d'affaires. Quand vous serez au stade où votre investissement devient rentable, ne pensez pas réjouissance, mais pensez recapitalisation, réinvestissement et diversification. En vous diversifiant, vous vous dotez d'une sécurité financière, qui découlerait des différentes entrées. Bien entendu, avant de vous diversifier, le point 2 élucidé doit être scrupuleusement étudié. Ne jamais se lancer à l'aveuglette.

Ne soyez pas complexé de commencer petit. S'octroyer les terres dans les zones rurales ne coute absolument pas grand-chose, dans la même logique la main d'œuvre. Il est vrai que certains investissements publics semblent être importants pour garantir l'investissement privé en agrobusiness telles que les routes, la sécurité territoriale, et parfois la desserte en eau ou en électricité... Ces paramètres combien importants doivent être étudiés minutieusement dans l'avant-projet lors de l'étude de pré-faisabilité. Et, même si l'Afrique se déleste du marché de l'exportation, plus d'un milliard d'habitants du continent constituent un marché énorme et avantageux pour l'agrobusiness. Les concentrés de tomates ou de piments, la confiture, les jus, le chocolat, le savon, les huiles,… Sommes-nous obligés de les importer ? La balle est dans votre camp maintenant. Investissez dans l'agrobusiness et devenez les nouveaux riches de demain.

ÉNERGIE

Dans une Afrique en plein boom économique, le besoin en énergie reste béant. Plus de 600 millions de ses habitants ne sont pas desservis en électricité. Alors que les rivières, les fleuves, le soleil toute l'année et le vent en permanence pour produire de l'énergie propre, sont là pour permettre à ce que les zones rurales puissent s'émanciper des zones urbaines. L'électricité est porteur de développement. L'Afrique connaît, par exemple, le problème de manque de transformations de matières premières, bien souvent à cause du manque d'énergie électrique nécessaire.

Alors, si vous avez compris, vous pouvez sans doute commencer avec l'énergie solaire en revendant les panneaux photovoltaïques à usage domestique. Cette pratique d'avoir sa propre source de fourniture en électricité a depuis peu séduit les Africains. Bien souvent, même dans les zones urbaines les populations sont victimes d'une desserte en électricité très médiocre et tentent de compenser avec de l'énergie solaire. Ce business est plus que rentable, réfléchissez et osez investir dans ce business, qui ne nécessite pas des grands budgets.

Avec un budget de 5.000-10.000 euros, vous pouvez vous lancer dans la commercialisation et voire même l'installation des panneaux photovoltaïques. Il n'est pas aussi évident que vous entamiez ce projet sans argent.

Quelques astuces pour devenir entrepreneur dans la commercialisation et l'installation des panneaux photovoltaïques :

a. Apprenez les notions de base sur l'énergie solaire

b. Investissez-vous dans une formation sur l'installation des panneaux photovoltaïques afin de réduire dans un premier temps l'effectif d'une probable main d'œuvre.

c. Faites du porte-à-porte en vue d'une sensibilisation sur les avantages de l'énergie solaire (réduction de charge des factures d'électricité et assurance d'avoir toujours de l'électricité en cas de défaillance des fournisseurs, chose qui est très commode d'ailleurs). Ce marketing ne demandera pas d'argent, mais votre courage, votre connaissance et votre technique d'approche.

d. Une fois que vous aurez accroché des gens, faites leur signer des contrats et envoyez les commandes aux fournisseurs. Si votre fournisseur vous exige une avance sur le paiement, essayez de négocier avec lui pour obtenir ne serait-ce que les matériels pour un ou deux ménages sans avance. Pourquoi cela ? Le solde des clients (deux maisons) va vous permettre de faire une avance sur les autres commandes afin de fidéliser avec votre fournisseur. Le cas échéant, négociez, contrat en main, avec des banques pour que vous obteniez un prêt ou un fond de caisse, tout en ne négligeant pas l'approche des individus. Cherchez les personnes capables de croire en votre projet, brandissez le travail que vous aviez déjà effectué en amont, celui d'accrocher les clients, faites des concessions en fonction du gain en vue d'obtenir ce petit fond de roulement, qui est très important pour votre business.

e. Installez les matériels avec le plus grand professionnalisme. Indiquez le mode emploi ergonomique pour permettre aux non-initiés d'utiliser les matériels installés.

f. Offrez un service après installation afin de fidéliser le client. Un client satisfait, c'est un autre de gagné, ce leitmotiv de l'entrepreneur, ne le perdez pas de vue.

Pour les grandes bourses, les microcentrales hydroélectriques, les centrales solaires sont là des grands projets porteurs en Afrique. Un partenariat public-privé s'avère important dans une commune mesure. L'énergie est une aubaine vers quoi il faut s'empresser, car la potentialité en ressource naturelle et le besoin d'utilisation ne manquent pas. Un business-plan bien détaillé aidera beaucoup dans la réalisation du projet.

INFRASTRUCTURE ET IMMOBILIER

Selon l'Annual Global Infrastructure Investor Survey 2017 du Global Infrastructure Hub et de l'EDHEC Infrastructure Institute-Singapour, c'est 37% des investissements dans les marchés émergents, contre 20% en 2016. Parmi ceux qui investissent déjà dans le marché émergent, 82% veulent accroître leur investissement en Afrique. Le marché africain demeure le plus sollicité, réveillez-vous mes chers !

Les ingénieurs dotés d'une très bonne expérience peuvent créer des entreprises de génie civil ou climatique, car la nécessité est plus que présente. En même temps, créer une entreprise de génie civil ou climatique ne signifie pas que vous soyez vous-même un ingénieur en la matière.

Des entreprises privées africaines du domaine de génie civil ou climatique traînent encore à envahir le marché africain. On assiste à un raid des entreprises étrangères, qui raflent la plupart des marchés. L'Afrique est encore un chantier, il faut la construire. Le domaine de génie civil ou climatique est très vaste. Chacun peut s'y retrouver. Être promoteur ou constructeur ou encore se limiter qu'au fournisseur, tout dépend de l'étude du marché et de la conviction personnelle. Toutes les bourses peuvent s'appliquer. Devenir fournisseur en briques, pavés, carreaux, échafaudages, matériels électriques ou de plomberies, ne demande pas des sommes faramineuses au tout début. Un bon carnet d'adresses seulement et le tour est joué.

Le taux de la population croissant de façon exponentielle, les hôpitaux et cliniques, les écoles et universités, même les maisons ou appartements d'habitation, sont des priorités. Investissez dans l'un de ces secteurs et devenez riche. S'octroyer les bons offices de l'immobilier, qui est en pleine expansion grâce à l'urbanisation des populations, n'est plus à démontrer. Dans des villes comme Abuja, Abidjan Accra, Addis-Abeba, Caire, Capetown, Dar Es-Salaam, Kinshasa, Kigali, le prix de l'immobilier a presque quadruplé ces cinq dernières années. Devenez un investisseur à succès dans l'immobilier et rejoignez la cour des grands.

LA RESTAURATION ET L'ALIMENTATION

Eh oui, vous ne rêvez pas. L'un de secteurs porteurs en Afrique que je classe à la quatrième position, c'est bel et bien la restauration et l'alimentation. D'après les estimations de la population mondiale formulées par l'ONU, l'Afrique se taillera un chiffre de 2.5 milliards d'habitants d'ici 2050. L'alimentation est un besoin primaire, ce domaine d'activité est loin d'être en déclin, il croît exponentiellement chaque année. Considérant la naissance d'une classe moyenne en Afrique, plus de 400 millions d'Africains, selon l'étude de la Banque

Africaine de Développement (BAD) publié dans le magazine Jeune Afrique du 22 Mai 2017, ne disposent plus de temps de ménage qui se réduit drastiquement pour laisser la place à la restauration.

Se lancer dans cette affaire, c'est répondre à un marché qui passe sous notre nez et qui profite aux étrangers. Avant que les grandes restaurations typiques ou rapides ne viennent envahir le marché, marquons le terrain par un savoir-faire professionnel digne des standards internationaux.

Quelques astuces pour investir dans la restauration

a. *Définir le service de restauration*

Ce point est le plus important avant de se lancer. Voulez-vous offrir un service standard ou particulier ? Dans tous les cas, chaque choix est bon pour la bonne entame du projet. Être standard vous donne la possibilité d'offrir plusieurs services au menu tout en ayant des particularités. Un service particulier quant à lui, est une identité singulière. Il est reconnu pour sa particularité, par exemple un restaurant aux spécialités africaines ou de quelques communautés africaines (attiéké Ivoirien, fufu Congolais, Tiep Sénégalais, Benga Burkinabé). Ceci vous permet de vous distinguer et d'être catégorisé.

b. L'étude du marché (business plan)

Étape cruciale qui nécessite du tact. Il faut choisir la clientèle (cibler) et comment l'atteindre. Le restaurant ou le fast-food doit avoir un bon emplacement, très propre et accessible à la clientèle visée. Mais également un service à la commande pour ceux qui ne peuvent pas se déplacer. Le professionnalisme doit être le fil conducteur de l'entreprise. C'est avec insistance que je martèle le fait d'être professionnel, car très souvent nos frères Africains peinent à garder l'éthique. Dans la mesure où un emplacement n'est pas trouvé, l'option du « Food truck » s'impose, car il faudra se déplacer dans les endroits où la clientèle visée est dominante aux heures de pointe (les zones industrielles, zones de travaux, des écoles, universités…).

c. Évaluer la concurrence

Le marché étant vaste, vous devez vous concentrer sur vos principaux concurrents dans la localité de votre implantation. Menez stratégiquement des enquêtes sur les rivaux, qui font exactement la même chose afin de ne pas sortir de la course. Qu'est-ce qu'ils ont fait pour gagner ou perdre la clientèle ? Quelle valeur devez-vous ajouter à votre service pour qu'il soit concurrentiel, mais aussi compétitif ? Quelles sont leurs grilles tarifaires ? Quels sont leurs fournisseurs ? Répondez à ces questions, très indispensables pour l'avenir de votre activité.

d. *Programmer la stratégie*

Sans aucun doute, vous atterrissez dans un monde dont vous n'êtes pas précurseur, bien que le marché soit vaste. La stratégie, c'est la clé de la réussite.

- Segmenter le marché : la segmentation du marché est ultime pour classer sa clientèle selon les âges, la profession, les classes sociales...

- Cibler : il faudra cibler la clientèle pour définir l'approche publicitaire. N'oubliez pas que vous devez gagner la clientèle (les nouveaux clients comme ceux des concurrents). Si par exemple, votre activité offre un service particulier, il faudra le mettre en avant pour accrocher la clientèle. Si votre service cible une catégorie sociale ou une communauté, il faudra le mentionner aussi pour souffler indirectement sur ce prestige d'appartenance.

- Catégoriser votre activité pour donner un aperçu aux clients, il serait préférable que votre activité ait une catégorie (moyenne gamme, low-cost, luxe ou haut de gamme…), tout dépend de la clientèle ciblée.

- Proposer des menus spéciaux et des menus à la carte pour fidéliser la clientèle.

- La publicité, le moyen par excellence pour communiquer et atteindre la clientèle. Le bouche à oreille, les réseaux sociaux, les médias (télévision, radios)… Trouvez le moyen efficace pour mieux communiquer.

NUMÉRIQUE ET TECHNOLOGIE (SERVICE EN LIGNE ET LE E-COMMERCE)

L'économie numérique en Afrique est en plein essor. L'Afrique veut rattraper le retard dans la révolution numérique. Ce marché est encore très peu exploité ou quasiment pas. Il existe néanmoins des entreprises qui opèrent dans le numérique, mais le marché est loin d'être saturé. Réservez une chambre d'hôtel, un billet d'avion, une place au cinéma, commandez de la nourriture, des vêtements ou encore des gadgets… des startups ont vu les jours dans différents pays africains et ceux-ci font de gros chiffres d'affaires dès leur première année.

Au Nigéria par exemple Hotels.ng et Jovago.com sont des plus grands services en ligne dans le secteur de la réservation d'hôtel. Hotels.ng a pu attirer un investissement de 1,2 million de dollars. L'application

IROKOtv est un logiciel qui vous laisse le choix entre plus 5.000 films africains sur votre téléphone mobile. En 2016, cette application a eu un montant de 19 millions de dollars en financement pour s'étendre en Afrique.

Le monde du numérique est encore vierge. Qu'est-ce que vous attendez ? Qu'on vienne vous le ravir encore ? Les gens ne veulent plus trop se déplacer, apporter les produits et services vers eux. C'est aussi simple que ça et cela ne demande pas des budgets conséquents.

- Créer des applications pour faciliter le travail de l'homme, mais aussi pour divertir
- Créer un site de location de voitures ou de covoiturage afin de permettre aux touristes et aux personnes désireuses d'avoir plus facilement accès à la location de voiture en très bon état et même au covoiturage pour les longues distances. En développant très bien ce genre de sites à l'image du Blablacar par exemple, vous êtes sûr de toucher le pactole suite un petit investissement.
- Développer un commerce en ligne, à l'image de grands de ce monde comme Alibaba et Amazon, l'Afrique doit s'inspirer de ces modèles de réussite. Les précurseurs africains dans ce domaine seront les milliardaires de demain.
- Développer un site ou blog de niche

Très en vogue en occident, ce modèle ne demande pas non plus un gros investissement. Il vous suffit d'avoir une idée sur un marché qui rapporte, une tendance actuelle, un ordinateur et une connexion internet. Par exemple les gens vont sur internet pour chercher des conseils sur comment perdre du poids ? Comment monter un business-plan ? Comment apprendre à tresser ou à coiffer ? Comment apprendre à jouer à la guitare ou au basketball ? Comment réussir le make-up ? Conseils pour bien s'habiller ? Il existe cependant des milliers de sujets qui peuvent très bien fonctionner en tenant compte de l'environnement ciblé. Et, pour gagner de l'argent, il faut spécialement être focalisé sur l'affiliation. Dans vos publications, vous pouvez mettre des publicités, mais l'affiliation sera d'un grand intérêt pour votre business. Si par exemple, vous faites des vidéos sur comment réussir un make-up, affiliez-vous à une maison qui vend des produits de make-up en donnant à vos abonnés un code d'achat, alors vous bénéficierez d'un pourcentage sur chaque achat des personnes qui ont utilisé le code d'achat pour une légère réduction. Donc en quelque sorte, vous gagnerez des commissions dans chaque vente.

- Le marketing de réseau. Ce type de stratégie commerciale est très développé sous d'autres cieux. C'est l'action de vendre via un réseau de revendeurs, souvent nommés ambassadeurs, conseillers qui, à leur tour, vendent à leurs contacts proches ou lointains, avec la possibilité pour eux-mêmes de parrainer d'autres vendeurs en échange d'une commission cumulative sur les ventes.

Le monde de la technologie et du numérique va de pair avec les matériels (ordinateurs, téléphones, tablettes, et autres gadgets) et aussi l'assistance (installation et réparation). Vous pouvez investir dans la fourniture des matériels informatiques ou la commercialisation des téléphones portables et accessoires. Grâce à la classe moyenne qui s'est créée en Afrique, ce secteur connaît un boom et croyez-moi, les investisseurs ne regrettent pas leur investissement. Ne vous arrêtez pas qu'à être un simple vendeur, mais proposez aussi le service après-vente, la réparation et d'autres stratégies pour fidéliser les clients.

L'INDUSTRIE CINÉMATOGRAPHIQUE ET MUSICALE

Définir les politiques pour promouvoir le cinéma africain à l'international. Oui, c'est capital, mais le plus important c'est de servir d'abord l'audimat africain qui est une aubaine pour les investisseurs africains du monde de cinéma. Aujourd'hui chaque pays détient des salles de projection, chaque ménage ou presque possède un poste téléviseur, une part importante de l'Afrique a accès à l'internet mobile, tout ceci constitue une aubaine pour l'industrie cinématographique africaine. Des programmes télé qui nous sont bombardés, des séries, des films, magazines ne rimant pas avec nos cultures et qui sont en avant-garde, alors que notre industrie peine à prendre le décollage.

L'exemple le plus accrocheur c'est le cas Nollywood qui a le vent en poupe. Avec plus de 1.500 films par an, le Nigéria est classé deuxième au rang mondial de production. Le cinéma nigérian intéresse le monde entier dans les festivals internationaux de films. La production cinématographique et musicale a généré plus de 4 milliards de dollars soit 2% du PIB du Nigeria. Il est cependant le deuxième employeur du pays après le secteur agricole.

Quant à la musique, l'Afrique est une plaque tournante qui fait vibrer les discothèques mondiales alors que les plateformes musicales ou labels africains peinent à s'émanciper. Les musiciens africains se font produire par les maisons de disques occidentales et sont obligés d'exécuter leurs albums dans les studios occidentaux pour un bon mixage pour que le son soit agréable. Devrons-nous laisser encore ce secteur aux mains des occidentaux ? Du dombolo, au makussa en passant par le coupé décalé et l'afrobeat, les artistes qui font vibrer la scène internationale, par ce style de musique originale, s'exilent en occident pour des raisons premières de logistique.

Elles sont déjà présentes en Afrique, toutes ces entreprises occidentales voulant marquer ce terrain, car le talent n'est pas à chercher loin. Spotify, Deezer et Apple Music sont au rendez-vous dans certains pays d'Afrique. Les plates-formes locales ont encore de la chance, car plusieurs pays sont encore inexploités en matière de monétisation de la musique via le numérique. Certains qui s'y sont déjà lancés, s'allient à des opérateurs téléphoniques, et d'autres s'essaient seuls un tant soit peu. Le site Muska, lancé au Cap-Vert et probablement en République Démocratique du Congo a des deals avec des opérateurs locaux comme Unitel et Vodacom pour que la data consommée en musique ne soit pas décomptée pour l'abonné Muska (ce qu'on appelle aux États-Unis « le zéro rating »). À ceux qui trainent encore à investir dans ce domaine, réfléchissez, inventez et devenez riches dans ce secteur qui est encore sous-exploité.

SOLUTION DE PAIEMENT ET DE TRANSFERT D'ARGENT

Saviez vous à combien s'élèvent les montants sur les transactions monétaires en Afrique seulement ? Plus de 100 milliards en espèces. Oui, vous avez bien lu. Ceci est une opportunité à ne pas laisser échapper pour les entrepreneurs visionnaires. Depuis peu nous assistons à une renaissance dans ce secteur. Les opérateurs téléphoniques sont les premiers à bénéficier de cette aubaine très lucrative. L'avènement du service M-Pesa, par exemple, en Afrique de l'Est est d'un succès rayonnant. La plateforme gère plus de 200 millions des transactions entre utilisateurs du réseau de télécommunications offrant ce service. Au Congo RD nous assistons également à cette compétition acharnée entre opérateurs de téléphonies mobiles, chacun avec sa plateforme : M-Pesa, Orange Money, Airtel Money. À ces plateformes des réseaux se hissent également des services financiers de particuliers qui opèrent dans ce secteur et connaissent un succès flamboyant. Au Nigeria, plusieurs entreprises prometteuses se bousculent aux portiques de l'économie la plus puissante d'Afrique. Les prétendants sont : Paga qui a attiré plus 13 millions de dollars pour s'étendre en dehors du Nigeria, PayAttitude, SimplePay et PayWithCapture.

Développez un modèle de paiement pour gérer des transactions monétaires ou de transferts d'argent, le marché est pour tout le monde. Aviez-vous déjà pensé au pouvoir que détiennent Western Union et Money Gram en Afrique ? Pourquoi aucun Africain ou un groupe d'Africains ou encore chaque communauté vivant en occident n'a jamais songé à créer un service de transfert propre qui gérera ces masses d'argent qui rendent gracieusement riche ces entreprises occidentales. Les transferts d'argent en Afrique représentent chaque année plusieurs dizaines de milliards d'euros ou de dollars. Les frais de ses opérations financières toujours plus élevées qu'ailleurs. Un taux de 10% du montant envoyé par Western Union et de 15% pour Money Gram, très au-dessus de la moyenne mondiale qui s'élève à 7.8%. Et, pourquoi devrons-nous accepter cela ? Créons nos propres entreprises mêmes communautaires pour mettre fin à cette hégémonie occidentale. Ces entreprises de transfert génèrent énormément de bénéfices, qui ne profitent pas au Continent ni même à ses filles et fils.

MISE EN RELATION

Une énième mine d'or, vous me remercierez plus tard. L'Afrique accuse un besoin énorme pour son développement. Et pour cela, elle a besoin de formations pour des remises à niveau et de renforcement des capacités. Créer une société de mise en relation, vous donne l'opportunité d'être le facilitateur, le pont entre le demandeur et le fournisseur. Vous pouvez cependant être celui qui oriente les bacheliers ou tout Africain désirant effectuer des études supérieures à l'étranger pour les universités partenaires. Vous pouvez proposer aux entreprises privées ou étatiques des formations à la carte pour leur remise à niveau. Être porteur des projets pour les nations africaines.

TOURISME

On n'évaluera jamais le patrimoine touristique africain. Des forêts majestueuses, des chutes d'eau à couper le souffle, des plages immaculées et récifs coralliens, des sommets enneigés, une faune allégorique : une ressource naturelle inestimable et paradisiaque qui doit profiter à l'Afrique en développant le tourisme durable. Les sites touristiques mythiques comme l'île de Gorée, un charme fou avec ses maisons en pastel, mais également la maison des esclaves ; Zanzibar, cette île avec sa plage de sable blanc, retrace l'histoire de l'esclavagisme arabo-musulman ; les parcs nationaux congolais comme le Virunga, parc de Kahuzi Bienga, parc de l'Upemba, parc de la Garamba, parc de Kundelungu, avec des spécimens emblématiques comme les gorilles de montagne, le bonobo, le gorille de la plaine, l'okapi, le paon congolais, mais aussi le parc marin de mangrove ; la faune de la réserve de Maputo, au Mozambique... l'Afrique est un paradis sur terre en matière de tourisme exotique, laissez-vous prélasser sur les plages sublimes, car le soleil y est toute l'année.

Il est à signaler que le tourisme prend petit à petit son ampleur surtout en Afrique de l'Est et en Afrique

Australe suite à une certaine stabilité politique et sécuritaire. Ce tourisme contribue largement à l'économie à la hauteur de 7,8% du PIB selon le conseil mondial du voyage et du tourisme en 2016. L'essor du tourisme doit bénéficier de l'appui des autorités étatiques. Investir dans ce secteur, qui est en plein boom en Afrique, c'est investir dans l'économie de l'avenir. Les États africains se doivent de protéger ces patrimoines touristiques face au danger, qui les menacent : le braconnage des espèces sauvages, la déforestation, la pollution des plages... Elles doivent considérer l'apport du tourisme dans l'économie diversifiée et s'investir dans la protection des patrimoines, mais également l'encadrement du secteur privé.

TRANSPORT ET LOGISTIQUE

Avec une démographie croissante, les villes s'élargissent, les zones rurales communiquent avec les zones urbaines, le besoin en déplacement est devenu une priorité à ne pas négliger. Investir dans ce secteur, répondra non seulement au souci de la population, qui doit se déplacer sur de longues distances qui séparent leurs habitations de leur centre d'intérêt, mais aussi au souci du transport et l'acheminement des biens et marchandises des zones de production ou douanières, aux zones de distribution ou de consommation.

Vous pouvez investir dans le transport urbain ou interurbain ou dans le transport interprovincial. Soyez ce précurseur en transport des biens pour les déménagements de maisons, appartement ou bureaux. Vous pouvez aussi devenir concessionnaire de véhicules neufs ou d'occasions, grossiste ou détaillant de pièces de rechange, une activité qui paie très bien en Afrique.

POURQUOI LES AFRICAINS DOIVENT-ILS INVESTIR EN AFRIQUE ?

La réponse à cette question est très simple, si on ne le fait pas, les occidentaux et les orientaux continueront à le faire et dans cette logique, ils auront le pouvoir financier. Et celui qui possède le pouvoir financier contrôle le pouvoir politique, ce qui revient à dire, détient une certaine influence sur les politiques gouvernementales en faveur de son business. L'heure n'est pas au cri d'alarme, mais plutôt à la prise de conscience générale. La Chine, comme exemple, est en train d'envahir l'Afrique, exploitant ses richesses, ses filles et fils pour un salaire misérable. Pendant ce temps, on observe, tout en décriant l'injustice, mais on reste statique du point de vue action sur le terrain. Réapproprions-nous l'Afrique. Ceux qui s'essaient à l'engagement entrepreneurial, deviennent des success-stories chez qui nous devons apprendre. L'Afrique est immensément riche, c'est à nous de valoriser ses richesses. Ne perdons pas le temps à chercher par quel moyen atteindre l'occident ou comment faire pour y rester, alors qu'avec un petit financement, nous pouvons transformer nos propres vies et celles des autres également. C'est vrai que les raisons d'émigration diffèrent d'une personne à une autre, mais la tendance actuelle laisse à désirer. Des Africains prêts à abandonner leur commerce pour partir en

Europe, ainsi capables d'investir une somme colossale qu'ils auraient pu employer dans une activité lucrative, juste pour atteindre l'occident dans des conditions flirtant avec la mort. Ceci est pathétique et irréfléchi. Ces décisions sont pour la plupart regrettées. Voilà pourquoi, nous avons essayé d'éclairer la lanterne à ce sujet pour que chacun de nous prenne la meilleure décision pour sa vie. Prendre notre destin en mains et protéger notre terroir, c'est le souhait, car l'Afrique mérite mieux.

CHAPITRE 6 : INTERPELLATION

IMPORTANT À SAVOIR

Voici la voix de la raison, frères et sœurs Africains ou Afrodescendants partout dans le monde, soutenons-nous mutuellement. Développons l'esprit d'équipe et l'amour de nos patries dans la considération et le strict respect des autres. Respectons-nous pour que nous soyons respectés. Propulsons les initiatives privées des noirs pour rendre notre communauté forte économiquement. Sortons de la clandestinité psychologique et mentale, qui nous pousse à croire que ce qui est fait ou proposé par l'homme blanc est toujours mieux à l'opposé de ce que fournit l'homme noir.

Quand l'Africain s'habillera chez le couturier africain, quand il valorisera le restaurant africain, quand il paiera son abonnement télé pour des chaînes prônant sa culture, quand il enverra de l'argent dans une banque africaine ou agence de transfert africain, quand il valorisera sa culture, quand son argent gagné difficilement fera le bonheur de sa communauté, on sortira de l'auberge.

Ceux qui s'aventurent dans l'entrepreneuriat, proposez des services respectant les normes et répondant à un certain standing afin d'attirer plus de monde. Soyez le plus professionnel possible, car dans notre propre monde, on doit prouver doublement sa compétence, pour gagner l'estime de ses propres frères et sœurs dans la course effrénée de la concurrence avec les étrangers. La lutte pour la vraie indépendance est loin d'être terminée.

Marcus GARVEY parle de **« l'indépendance dans tous les domaines d'activités humaines »** comme la seule et unique solution. Nous devons faire ce que la plupart des peuples ont eu à faire : être indépendant économiquement, socialement, scolairement et politiquement. Répondre aux questions comme :

- Qu'est-ce que nous possédons ?

- Qu'est-ce que nous contrôlons ?

- Qu'est-ce que nous produisons ?

- Qu'est-ce que nous distribuons ?

- Qu'est-ce que nous consommons ?

Une démarche salutaire pour l'émergence de l'Afrique.

Vous qui êtes déjà en Occident, je vous recommande de bien réfléchir sur votre investissement en Afrique si vous en avez besoin, cela va de votre intérêt d'ailleurs ; utilisez la liste des secteurs porteurs susmentionnée ou faites encore des recherches approfondies ; effectuez des va-et-vient récurrents en Afrique pour vous enquérir de la situation actuelle avant tout investissement ; l'Afrique est vaste, il n'y a pas que votre pays d'origine où vous êtes obligés d'investir. Regardez plutôt l'intérêt de votre business dans le pays vous garantissant certains paramètres facilitant l'investissement ; préparez-vous mentalement, psychologiquement avant d'entamer votre business ; répétez haut et fort que le début sera très difficile, mais vivez en même temps le plaisir que va vous procurer la réussite ; trouvez-vous un modèle de réussite africain, qui sera comme une source de motivation pour vous ; soyez sérieux et travaillez dur pour arracher le succès.

À ceux qui rêvent encore de l'occident pour une quelconque raison, c'est votre droit le plus légitime. Je vous suggère d'avoir de bonnes raisons, par exemple, aller étudier ou acquérir de l'expérience professionnelle. Si vous y allez dans le but de réussir votre vie, je vous conseillerai de relire ce livre et si cela ne vous suffit pas, de trouver deux ou trois personnes sérieuses qui vous diront la vérité, toute la vérité sur la vie en occident, vous avez le droit d'être informé au préalable avant de vous lancer dans une course qui peut échouer avant même que vos pieds ne foulent le territoire européen ou américain. À vous aussi, je conseille de vous inspirer de la liste définie des secteurs d'investissement en Afrique. Avec le peu que vous avez en mains, investissez et devenez riches, c'est possible.

10 RECOMMANDATIONS AUX DIRIGEANTS AFRICAINS

Aux autorités gouvernantes, je dirai, l'Afrique est le seul continent que nous possédons. L'opprobre dont nous sommes couverts, est causé par le fait que vous tournez le dos à ceux-là qui devraient être vos vrais partenaires, les peuples. Mes recommandations pour une Afrique libre, indépendante et puissante.

- Rendez compte aux peuples, car ils ignorent les pressions que vous subissez au quotidien. Vous êtes parfois pris en otage pour assouvir l'appétit des autres.
- Émancipez-vous et donnez à l'Afrique le leadership dont elle a besoin.
- Créez votre propre monnaie afin de détenir le pouvoir financier via une banque centrale africaine.
- Investissez dans l'industrie. Quand toutes les matières premières seront transformées en Afrique, l'économique Africaine sera propulsée parmi les plus puissantes au monde.
- Stimulez le libre-échange entre nations africaines en supprimant ou en revoyant à la baisse les taxes douanières pour tous les produits manufacturés en Afrique afin de permettre la libre circulation des biens et services.

- Assainissez le climat des affaires pour permettre aux dignes fils du pays d'investir.
- Encouragez l'investissement local.
- Combattez la corruption sous toutes ses formes pour barrer la route aux capitalistes sanguinaires.
- Dotez vos pays d'institutions stables et fortes.
- Investissez dans les infrastructures de développement durable dans l'intérêt des populations : les routes, les industries, l'électricité, l'eau, les écoles (la formation de l'homme étant au centre de tout développement), les hôpitaux, les télécommunications... des priorités dont l'Afrique a besoin pour son émergence.

Vous avez un devoir, accomplissez-le. Sortez l'Afrique de cette honte, car elle vaut plus que ce qu'elle est aujourd'hui, vous ne l'ignorez pas. Nos espoirs sont tournés vers un nouveau leadership africain qui redorera l'image de ce continent.

5 OUTILS INDISPENSABLES POUR RÉUSSIR SON BUSINESS

Investir dans un quelconque business nécessite, une certaine discipline. Un travail sur soi, un développement personnel pour arriver à développer ensuite une entreprise ou un business.

J'ai sélectionné, pour vous, cinq outils indispensables pour réussir un business et devenir un modèle de réussite africaine.

L'efficacité

L'efficacité est le caractère principal qu'un potentiel entrepreneur ou un entrepreneur tout court doit détenir. Ce caractère à optimiser un résultat doit être le carburant du mental de tout nouvel entrepreneur. Elle consiste à bien utiliser le temps, les moyens (financiers, logistiques, ressources humaines,...), l'énergie et les talents afin de laisser ultimement une empreinte positive dans l'accomplissement de toute chose. L'efficacité permettra au nouvel entrepreneur de transcender la peur d'échouer, de visualiser son entreprise bien avant sa création et de se surpasser pour la matérialiser et atteindre les objectifs assignés.

Retenez, une chose, un jour, on quittera tous cette terre des hommes, l'essentiel pour nous c'est d'impacter positivement notre existence sur Terre. Que l'histoire se souvienne de nous parce qu'on aura laissé un bel héritage, grâce à notre témérité et efficacité.

Quittez votre zone de confort ou d'inconfort pour prendre ce risque d'investir dans un business prometteur.

Le sacrifice

Ceux qui reconnaissent la valeur du sacrifice, savent raconter le goût de la réussite. Vous avez besoin du renoncement volontaire à certaines choses pour atteindre un objectif précis et réussir une entreprise ou un business. C'est une sorte de dévotion qui vous emmène à être au service de votre entreprise et non le contraire. Consacrer tout son temps dans l'affaire entreprise, se priver de certains avantages pour un but précis, minimiser son temps libre et privilégier le travail acharné jusqu'à atteindre le seuil de la satisfaction. Le sacrifice est l'une des clés de la réussite.

L'intégrité

L'entrepreneur a besoin d'être vrai, d'être correct envers lui-même, envers son entreprise et ses collaborateurs ou ses travailleurs. L'intégrité renvoie au sens du devoir, de la responsabilité. Être intègre revient à dire, croire pertinemment aux aspirations premières qui, vous ont poussé à investir dans une affaire. C'est demeurer intact face à tout vent qui tendrait à vous dissuader ou compromettre votre plan d'action ou vos convictions vis-à-vis de vos décisions personnelles. L'intégrité, cependant, ne veut pas dire ne pas être à l'écoute des autres. Elle veut juste signifier être perspicace avant de prendre une quelconque décision qui ne nuirait pas à l'entreprise et n'oblitérerait pas vos propres convictions. Si vous voulez réussir une affaire, votre conduite doit être irréprochable face à vos collaborateurs ou travailleurs afin d'instaurer un esprit de transparence et un climat de sécurité entre vous au profit de l'entreprise.

La hardiesse

Aimer le risque tout en évaluant les conséquences et en minimisant les pesanteurs d'échecs, c'est le mental de l'entrepreneur. La hardiesse c'est l'audace. Un dicton nous rappelle que *la vie appartient aux audacieux, à ceux qui savent prendre le risque.* Un entrepreneur qui n'ose pas, ne sera jamais convié au festin des grands succès. L'entrepreneuriat équivaut à l'audace. Cette capacité de se surpasser et de prendre les décisions courageuses, lesquelles s'allient à l'ambition, au courage et à l'endurance. La hardiesse, c'est aussi le fait de sortir des sentiers battus, être créatif, stratège, inventif pour donner le ton aux autres et devenir un modèle.

La solidarité et la charité

La dernière clé qui vous est offerte pour réussir votre entreprise, c'est la solidarité et la charité. Un outil très important dans l'émergence de votre business. Si vous ne croyez pas au pouvoir d'être charitable, vous avez maintenant une bonne raison. *« Le rendez-vous du donner et de recevoir », si* toutes les confessions religieuses pratiquent cette loi, c'est pour une bonne raison. En tant que chrétien, je suis tenté de vous dire que *« il y a plus de bonheur à donner qu'à recevoir »* Bible Louis Segond : Actes des Apôtres 20 : 35. *« Donnez, il vous sera donné ; on versera dans votre sein une bonne mesure, serrée, secouée et qui déborde ; »* Bible Louis Segond : Luc 6 : 38. Ces deux passages bibliques révèlent tout concernant le secret, qui est caché dans la charité.

Il y a un pouvoir qui réside dans l'acte de donner. La main qui donne, c'est la main qui reçoit et celle qui est bénie. Ne vous refusez pas de faire le bien si vous en avez la possibilité. Cette loi fonctionne pour tout le monde. Ne vous étonnez pas de voir les riches devenirs encore plus riches, car la plupart s'adonnent à cette gymnastique. Les plus riches créent des ONG ou fondations d'aide, pensez-vous que c'est le fruit du hasard ? Donnez dans la mesure du possible. N'attendez pas des millions pour réveiller le bienfaiteur en vous. Soyez au service des autres autant que vous le pouvez. Aimez, chérissez, aidez vos parents, cherchez à arracher une parole de bénédiction venant d'eux. Soyez solidaire dans la société, attirez-vous non seulement la sympathie des autres, mais également leur sociabilité.

Votre entreprise sera toujours interdépendante, donc les relations humaines, les actions sociales, aussi minimes qu'elles soient, sont d'un intérêt salutaire pour sa survie.

Les cinq clés qui vous ouvrent les portes du succès vous sont offertes. Une seule recommandation, faites le grand saut, vous pouvez tomber, comme vous pouvez vous envoler. Si jamais, vous tombez, rappelez-vous de l'aiglon, il n'abandonne jamais, peu importe le nombre de fois où il s'échoue pour prendre son envol. Il sait que sa survie en dépend, il continue sans relâche jusqu'à prendre de la hauteur et à voler définitivement. L'échec est une étape de la réussite. Si le succès est le sommet à atteindre, les échecs sont les marches pour y arriver. N'ayez pas peur d'échouer. Que le désir de réussir soit plus fort que la peur d'abandonner.

J'ai appliqué moi-même ces clés de la réussite, et depuis je récolte ce que je sème, et je réalise même des dépassements sur certains de mes objectifs. Il est vrai que j'entreprends, et cette route n'est jamais facile. Étape par étape, je récolte les fruits de mes investissements.

J'aime partager cette expérience de ma vie, qui a changé ma vision du monde et celle des affaires.

J'ai eu mon bac en sciences mathématiques et physiques au collège BOBOTO à Kinshasa. Puis, j'ai fait l'Université de Kinshasa où j'ai décroché le titre de licence en géotechnique et hydrogéologie appliquée. Avant que j'entame mes autres formations académiques et professionnelles, j'étais abandonné au marché de l'emploi, seul sans appui, pas le moindre, je me suis complètement perdu. Alors, une seule idée traversait mon esprit, quitter le Congo RD, et aller me chercher ailleurs. Pendant que je m'appliquais à chercher les voies et moyens d'émigrer pour raison d'études, mon beau-frère m'a tendu la main en me donnant du travail dans la presse écrite. J'ai appris très vite dans ce milieu totalement différent de mon domaine de prédilection. Je me suis fait un carnet d'adresses. Et, en 8 mois seulement, je me suis décidé à publier mon propre magazine. Dans mon compte je n'avais que 400 $. Comment faire ? Je me suis décidé à écrire des articles pour les autorités, que j'avais préalablement ciblées. Je n'avais pas sollicité leurs autorisations. Je me suis jeté dans le vide, mais avec une grande foi, car je savais qu'un travail très bien fait avec du grand professionnalisme serait toujours apprécié. J'ai recouru à un infographe professionnel d'une grande boite de la capitale, après plusieurs supplications, il accepta de produire mon magazine à un prix vraiment dérisoire. Le jour où il finit, il m'appela pour payer l'impression. En main, je n'avais plus rien, j'ai commandé juste six magazines. Je suis passé à son bureau pour les récupérer, avec un petit sourire aux coins des lèvres, il me dira : « *tu es doté d'une foi et d'une audace inexplicables qui t'ouvriront plusieurs portes dans ta vie »*. Avec ces six magazines en main, le soleil au zénith, sur le boulevard du 30 juin à Kinshasa, je ne cessais de répéter *« Dan, tu vas réussir à les accrocher, trouve-toi juste une bonne stratégie »*. C'est alors que j'ai eu l'ingénieuse idée de les appeler et demander une audience afin de présenter l'œuvre que j'avais réalisée. Personne ne décrocha le téléphone. Un peu abattu, je suis rentré chez moi.

Je ne cessais de répéter dans ma tête que ça allait marcher. J'étais très sûr de mon affaire, je ne voyais pas comment ces gens qui m'avaient trouvé très professionnel, pouvaient ne pas tomber sous le charme de ce beau magazine. L'unique souci était, comment les atteindre sans passer par un interlocuteur ? Le lendemain, je me suis décidé à aller à la résidence de celui que j'avais choisi pour être en couverture de mon magazine. De bon matin, comme à l'accoutumée, je me réveille, et je fléchis mes genoux pour rendre gloire à Dieu qui a renouvelé sa bonté en me prêtant le souffle de vie. Après ma besogne matinale, je pris le chemin de l'un des quartiers les plus huppés de la capitale. Arrivé chez lui devant la villa, le vigile n'a pas voulu me laisser entrer. Alors j'ai décidé de ne pas bouger d'une semelle. Pendant plus de 4h du temps, j'étais là debout, devant l'imposant portail, sous un soleil qui prenait confiance. Puis, je vis le portail s'ouvrir, une belle cylindrée se rapprocha de moi, je me suis dit, c'est maintenant ou jamais de faire un signe pour se faire remarquer. La jeep 4×4 Toyota passa devant moi, le monsieur me fixa comme pour me passer un message, mais malheureusement le chauffeur passa à la vitesse grand V, comme s'il en avait reçu la consigne, et le véhicule se perdit sur la route déserte des collines. J'étais prostré, visage boursouflé, soudain une idée me passa par la tête « *Tu connais son bureau, continue ce que t'as commencé, ne te fatigue pas* ». Je pris mon taxi pour son bureau.

Arrivé à son bureau, je me suis présenté à la réception en disant que j'avais rendez-vous avec le Directeur Général, tout en brandissant le magazine. Une des réceptionnistes le prit, et alla avec au bureau du chef. Deux heures s'étaient écoulées quand on me convoqua à son bureau. C'était là le début d'une excellente collaboration. Il était très heureux de lire le travail que j'avais produit. Il décida de financer mon magazine avec une bagatelle de 2500 $, ma première grosse somme touchée. Deux autres comme lui avaient accepté de financer le magazine. Je suis parti de 400 $ et j'ai réussi à obtenir un fonds de roulement conséquent.

Cette expérience de ma vie m'a beaucoup aidé à forger ma personnalité, et à travailler énormément sur moi pour pouvoir déjouer toute énergie négative. C'est grâce à cela que j'ai pu comprendre les 5 clés pour réussir dans un business. Et depuis, elles sont d'une aide incommensurable.

Un gagneur ne lâche jamais, un lâcheur ne gagne jamais. Croyez en vous, soyez conséquents dans ce que vous faites, répétez sans cesse la réussite dans votre bouche, priez Dieu qu'il accompagne vos pas, instruisez-vous et lisez beaucoup de « *success stories* », jetez-vous dans l'arène et remportez la victoire.

CONCLUSION

Je vous remercie sincèrement, vous tous qui êtes arrivés à ce point qu'est la conclusion. Cela signifie que vous avez été emporté par le contenu de ce livre. Vous allez constater avec moi, que ce livre n'est pas un appel à la haine contre qui que ce soit. Cet ouvrage rentre dans le cadre d'un cahier de retour à la vraie histoire, et une feuille de route pour préparer un avenir radieux pour l'Afrique que nous chérissons tant.

Les responsabilités départagées, l'Occidental et l'Africain trouveront les moyens efficaces pour mettre fin à ce néocolonialisme qui retarde l'envol de l'Afrique.

L'homme blanc doit reconnaître les crimes perpétrés en Afrique et s'engager à les réparer une fois pour toutes. L'occident très industrialisé devrait être le partenaire privilégié, et non le contraire, de l'Afrique afin de partager le savoir-faire pour permettre à l'Afrique d'accéder à une vraie indépendance économique.

L'Afrique est mille fois plus riche en sous-sols que l'Europe, mais mille fois plus pauvre que cette dernière en développement. L'Africain doit comprendre que tout est entre ses mains pour sortir du gouffre dans lequel il se trouve depuis des siècles. Son avenir ne dépend pas de l'homme blanc, mais de la façon dont il aimerait être traité par celui-ci. Bannir tous les maux qui gangrènent les sociétés africaines, défendre l'intérêt de tous plutôt que ses propres intérêts, jurer sur une

Afrique des valeurs, être intransigeant face à toute approche visant à déstabiliser le continent, tendre la main à celui qui aspire au partenariat gagnant-gagnant… Les expressions qui doivent toujours animer nos actions pour une Afrique émergente.

Ceci dit, une Afrique émancipée, est un monde meilleur pour tous. Une Afrique étouffée, est une bombe à retardement pour les économies occidentales, car les marées humaines ne cesseront jamais d'atteindre les côtes occidentales pendant que le style de vie dégringolera de plus en plus dans ces pays, compte tenu des flux migratoires, qui deviennent très encombrants pour eux, et du manque de solutions efficaces à ce jour.

BIBLIOGRAPHIE

Annual Global Infrastructure Investor Survey 2017 du Global Infrastructure Hub et de l'EDHEC Infrastructure Institute-Singapour ;

Bible Louis Segond, Livres de Luc chapitre 6 et Actes des Apôtres chapitre 20, 1910 ;

Boston Consulting Group 2010 ; Collier et Warnholz 2009 ; Roxburgh et autres 2010 ;

Cheikh Anta Diop, Nation nègres et Culture ; Présence Africaine, 1999 ;

Cheikh Anta Diop, Les fondements économiques et culturels d'un État fédéral d'Afrique noire ; Présence Africaine, 1990 ;

David Van REYBROUCK, « Congo UNE HISTOIRE », BABEL, 2014 ;

Donald C. Johanson et al., « New discoveries of pliocene hominids and artifacts in Hadar : International Afar Research Expédition to Ethiopia (fourth and fifth field seasons, 1975-1977) » ; Journal of Human Evolution December 1980, Pages 583-584;

Elykia Mbokolo, Afrique Noire Histoire et civilisations du XIXe siècle à nos jours, HATIER.AUF, 2004 ;

Etude de la Banque Africaine de Développement (BAD) publié dans le magazine Jeune Afrique du 22 Mai 2017 ;

Francis Simonis, l'Afrique soudanaise au Moyen Âge : Le temps des grands empires (Ghana, Mali, Songhaï), Canopé CRDP, 2010 ;

Hippolyte d'Albis, Ekrame Boubtamne et Dramane Coulibaly ; « macroeconomic evidence suggests that asylum seekers are not a « burden » for western european countries » ; Sciences Advances ;

Joseph KI-ZERBO, Histoire de l'Afrique noire, Hatier, 1994 ;

« Manifeste culturel panafricain », Souffles, no16-17, 4e trimestre 1969 ;

M. Brunet et al., A new hominid from the Upper Miocene of Chad, Central Africa, Nature 418, p145 (2002) ;

Arjun Appradurai, Modernity at Large : Cultural Dimensions of Globalization, Minneapolis, University of Minnesota Press, 1996 ;

« L'avenir de l'Afrique et le soutien de la banque mondiale », rapport détaillé publié en 2011 par la banque mondiale ;

Théophile Obenga, le sens de la lutte contre l'africanisme eurocentriste, L'Harmattan, 2001 ;

T. Ranger, « The invention of tradition in Colonial Africa », E. Hobsbawn, T. Ranger (eds), The Invention of radition, Cambridge University Press, 1983 ;

PHILOSOPHY and OPINIONS of Marcus GARVEY ; 1923 ;

Roland Pourtier, Afriques noires, Hachette supérieure, coll. « Carré Géographie », 2e édition revue

une Afrique riche, prospère et développée, son souhait le plus ardent.

Email : kapsokapebwa@gmail.com